Mayela Vallejos-Ramirez
3505 N. 12th St. Apt. E18
Grand Jct., CO 81506

LA COCINA ARGENTINA

paso a paso

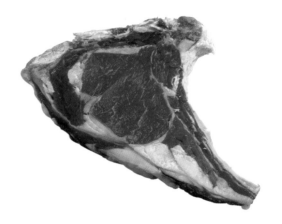

PANAMERICANA
EDITORIAL

Editor
Panamericana Editorial Ltda.

Dirección editorial
Andrés Olivos Lombana

Realización editorial
Simpei, SL

Coordinación de producción
Libia Gaviria Salazar

Diseño
Itos Vazquez

Ilustraciones
José Luis Hernanz Hernández

Fotografía
Fernando Ramajo

Selección de recetas, cocina y estilismo
Itos Vazquez

Revisión de estilo
Pilar Casado

Introducción
Victoria Puerta

La cocina argentina paso a paso / selección de recetas, cocina y estilismo Itos Vazquez ; ilustraciones José Luis Hernanz Hernández ; fotografía Fernando Ramajo ; introducción Victoria Puerta. -- Santafé de Bogotá : Panamericana Editorial, 1999.
160 p. : il. ; 28 cm. -- (Sabores latinoamericanos)
Incluye índice.
Glosario : p. 158-159.
ISBN 958-30-0592-4
1. Cocina argentina I. Vazquez, Itos, comp. II. Hernanz Hernández, José Luis, il. III. Ramajo, Fernando, il. IV. Puerta, Victoria V. Serie
641.5982 cd 19 ed.
AGP7479

CEP-Biblioteca Luis-Angel Arango

Primera edición, Editorial Voluntad S.A., 1995
Primera edición en Panamericana Editorial Ltda., marzo de 1999
Primera reimpresión, junio de 2002

© De la compilación, Itos Vazquez
© Panamericana Editorial Ltda.
Calle 12 No. 34-20, Tels.: 3603077 - 2770100 Fax: (57 1) 2373805
Correo electrónico: panaedit@panamericanaeditorial.com
www.panamericanaeditorial.com.co
Bogotá, D. C., Colombia

ISBN volumen: 958-30-0592-4
ISBN colección: 958-30-0591-6

Impreso por Panamericana Formas e Impresos S. A.
Calle 65 No. 95-28, Tels.: 4302110 - 4300355, Fax: (57 1) 2763008
Quien sólo actúa como impresor.

Impreso en Colombia   Printed in Colombia

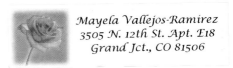
LA COCINA ARGENTINA

paso a paso

— CONTENIDO —

PROLOGO

Nieto de leoneses y triestinos, nacido y criado en Buenos Aires, nacionalizado español y residente desde hace tres lustros en París, Oscar Caballero es periodista —entre otras especialidades, gastronómico—, miembro de la correspondiente asociación francesa (APCIG) y de su homóloga de escritores del vino (AFJEV). Autor de una docena de libros, citoyen d'honneur de Margaux, maître conseil en gastronomie française, ex crítico de toros, Oscar Caballero es activo colaborador de las revistas Cuisine & Vins de Argentina, y Gourmets de España.

DEL RAGU DE CONQUISTADOR A LA WORLDFOOD

Ya se sabe que los peruanos descienden de los incas, los mexicanos de los aztecas y los argentinos, del barco. Es decir que si en Perú había 90 variedades de papas y maíz, para recibir al invasor, y si México deslumbró al recién llegado con tomate, chocolate y la familia de las calabazas, los indios pampas debían estar tan desprovistos, que la Primera Fundación de Buenos Aires terminó en ragú de conquistador. Según viajeros ingleses, los indígenas del Sur de Argentina preparan, en el siglo XIX, una especie de huevo de avestruz à la coque. Un recetario breve, por más que el huevo fuera voluminoso. Y dado que aquellas tribus sureñas demostraron ser las más resistentes y guerreras de América —en 1905, todavía cargaban lanza en ristre contra la ciudad de Azul, a las puertas de Buenos Aires—, es de suponer que no esperaron la llegada del español, ni la inmigración europea posterior, para comer caliente. Pero si aún hoy, para desgracia de gastrónomos, quien trabaja la tierra es más bien despreciado, en Argentina —no el latifundista, por supuesto—, la razón hay que buscarla en el nomadismo del abuelo indio. De lo que llevó España, aquellos indígenas adoptaron dos animales: el caballo —jinetes consumados y a pelo— y las vacas, que comían casi sin bajar del caballo: un carpaccio avant la lettre.

Pero así como los ingleses se convirtieron en los mayores expertos mundiales en vino, gracias a que Dios no les dio apenas viña, los argentinos, en especial los de Buenos Aires —la mitad de la población del país— transformaron en gastronomía el concepto nefasto de cocina internacional. Un menú argentino, hacia 1950 —cuando el país era tan rico como parece volver a serlo ahora—, se abría con un tazón de jugo de carne, seguía con una sopa más bien clara, podía continuar con pasta, pero siempre desembocada en un bife; un respetable trozo de carne. Eso, en casa. La calle, en cambio, era el mundo. El último marido de Josephine Baker tuvo bistrot en Buenos Aires, con opción de hors d'oeuvres variados —y carne por supuesto—. EL CENTRO LUCENCE, LAGUN ONAK, EL CASAL DE CATALUÑA, competían con media centena de restaurantes españoles. (La nostalgia es mala consejera: los inmigrantes gallegos y asturianos, con tal de tener jamón, lo estacionaban en la provincia de Buenos Aires, con un 90 % de humedad ambiente que lo convertía en el más salado del mundo). Otra franja enorme de la restauración correspondía a un género porteño de trattoría, la cantina, consumidora de toneladas de berenjenas, pimientos, mozzarella y queso provolonne, sin olvidar las pastas —el trigo y el agua son proverbialmente buenos—, excelentes aunque siempre muy cocidas. Y la pizza. El abanico de posibilidades se completaba con restaurantes judíos —polacos, rusos, húngaros—, alemanes, chinos, japoneses y árabes —es especial sirios y libaneses—, para una inmigración que hasta dio un presidente.

Buenos Aires es, hoy, una ciudad sembrada de pizzerías, cafés, farmacias, Bancos, sandwicherías, heladerías y psiconalistas, y Argentina se mira en ese espejo. Todos los postres llevan dulce de leche —herencia gallega o bretona—. Y una medida del siglo XIX —el presidente Sarmiento dio tierra vinícola a campesinos extranjeros, a condición de que llegaran con pies de viña— permite que por ejemplo uvas como la Malbec sean más francesas que en Francia, donde la filoxera impuso injertos americanos. El argentino medio teme religiosamente los excesos y el ajo. La existencia de una vasta clase media impuso, hacia los '50, una cocina sosa, de la que las pechugas Villeroy o las milanesas —curioso nombre de la escalopa vienesa—, anegadas de jugo de limón porque el frito usted sabe, serían bandera. Implacable. (Y el domingo, antes del fútbol, ravioles en particular y pasta en general).

Fernández Beyro, crítico gastronómico argentino, escribió, en 1986 (Los platos de mi mesa): "Comemos mejor y más limpio... pero todavía comemos mal y carecemos de una cultura gastronómica". Lo que no impide que Buenos Aires haya dado pátina gastronómica al sandwich inglés — de pan de miga— o al helado italiano, además de lanzar la pizza vendida por metro y cubierta de palmitos. Entre la oferta exótica de la capital, nunca faltan algunos platos "del interior", que no son a base de entrañas —como indica el castellano—, sino de "las provincias", tierras más alejadas que el Périgord, en la mentalidad porteña.

¿A qué viene tal catilinaria, como prefacio a un libro de recetas argentinas? El homo hispanicus, nativo de un territorio que va de Tierra del Fuego a Finisterre —y yo lo soy por partida doble—, es el único terrícola capaz de autocrítica. Un francés se dejará matar antes de admitir que sus bordeaux los debe a ingleses y holandeses. El italiano ignora que el tomate le llegó hace apenas dos siglos —y de México— y el suizo cree haber inventado el chocolate azteca. Pero ese bicho que somos, es, como todos, contradictorio. Los colonizadores españoles escogían barragana, se afincaban para siempre en el sur austral, pero se hacían mandar el cocido de Madrid, en navegación de tres meses (¿vendrá de ahí la olla podrida?).

Las recetas de este libro son típicamente argentinas porque hay una brandada (provenzal), tallarines con tuco —napolitanos—, croquetas de repollo —seguramente alsacianas—, pavita rellena (¿México?), canelones de pollo (¿catalanes?), dulce de membrillos (andaluz), caldillo de congrio (chileno) y un salmón al azafrán que seguramente llega de Asturias.

Pero ¿qué más da? El pasado es un invento más o menos riguroso y en gastronomía, las banderas casan mal con la realidad. Los patos del foie gras francés, divisa gascona, hoy son cebados con maíz americano. Y aún hace siglo y medio, sólo eran engordados por los judíos de Metz, que los tenían por plato típico. La tortilla de patatas madrileña le debe todo a Francisco Pizarro. Y el gazpacho, a Cortés. Más remoto: entre aquel vino que según los antiguos griegos era "del color de la mar" (¿verde? ¿azul?) y el varietal que hoy triunfa ¿qué otro parentesco que un poco de vitis vinífera? Sin embargo, en cualquier rincón del mundo, los argentinos reconstruyen la mesa patria con una pizza casera, unos ravioles, un buen asado y cualquier postre, pero por supuesto con dulce de leche.

Este libro, entonces, es la biblia de tan extraña religión.

OSCAR CABALLERO

INTRODUCCION

El bullicio del puerto. Buenos Aires y sus calles apenas iluminadas. 1880, la expectativa de un encuentro y los hombres que aman en lenguas extranjeras. Los fogones crepitan. En los salones las mujeres lánguidas y hermosas se desmayan de placer con los olores y sabores que traen los inmigrantes. Al ritmo del fandango y el candombe los calderos se renuevan con salsas, especias y maneras de concebir el arte de comer.

En el corazón de La Boca, los inmigrantes genoveses convierten en un verdadero culto la hora de la cantina, los callos con alubias en salsa de tomate, el buen vino y las conversaciones largas. Por toda la ciudad se siente el cambio con la llegada de franceses y sobre todo de parisinos que con sus modales y extravagancias transforman a Buenos Aires en el París de América. Es una influencia que corre por todo el país, que se desliza en forma de refinadas recetas a las cocinas de la provincia, a los hábitos cotidianos de las regiones del centro del país.

La historia pudo haber comenzado en 1516, cuando Juan Díaz de Solís descubrió un río que bautizó con el nombre de Mar Dulce, porque pensaba que era el puente entre el Atlántico y el Pacífico y además el seguro guía hacia El Dorado de las especias de oriente. Fernando de Magallanes echó abajo su teoría, pero la creencia de que este río conducía a un lugar gobernado por un rey blanco, alentó a la corona a levantar una ciudad junto a él. A juicio de los cronistas esta ciudad no contaba con una cultura indígena, ni poseía las fabulosas riquezas del Alto Perú, pero estaba ubicada en un lugar estratégico que beneficiaba el contrabando y el enriquecimiento ilícito. La plata del Alto Potosí, los esclavos, las especias, el tabaco, el azúcar, los frutos secos, las verduras, el maíz, el trigo y la yerba mate pasaban por los muelles del puerto y abastecían hasta los mismos confines del Altiplano y el Pacífico.

Otros cronistas relatan que los indios charrúas habitaban los alrededores del río de la Plata. Nómadas hasta la médula, desconocían las técnicas agrícolas y solían comer pescado y carnes de animales salvajes. La caza y la pesca sostenían su pilar económico y cultural. Más hacia el norte, algunas tribus cultivaban la mandioca, maíz, y mandubíes y conocían la manera de hacer vino a partir del maíz fermentado. Vestidos con pieles de nutria y tigre afrontaban las noches de frío, calentándose con las tortas de harina de pescado y la manteca que sacaban de los animales de caza. Una alimentación fuerte y sencilla que contrastaba con la prodigalidad de las tierras que poseían. A la llegada de los españoles, estas regiones fueron ganadas para una agricultura más intensiva. Membrillos, uvas, peras, nueces, granadas y manzanas enriquecieron las recetas y las costumbres del nuevo mundo.

La agricultura y la cría de vacunos cambian el panorama alimenticio. Las empanadas se convierten, al lado de los asados, en lo más representativo de la nueva cocina.

Cien años después, hacia 1600, la cultura del asado es toda una institución, no sólo en Buenos Aires, sino a lo largo y ancho del país. La planta nacional, la yerba mate, cultivada en la provincia de Misiones, acompaña las intensas jornadas del hombre de La Pampa. En las marmitas y cacharros, en la parrilla y la brasa se fue cociendo el ritual más importante del hombre argentino: el buen asado y el mejor asador.

No es gratuita la existencia de 50 millones de reses pastando en La Pampa argentina y que la carne vacuna sea la base de la dieta austral.

Ciertamente, no hay nada más excitante que una parrillada en el campo. En su fuego se preparan los más delicados lechones de granja, los corderos de las zonas semiáridas, los chinchulines, la tripa gorda y los riñones a los que antes se les ha tratado con vinagre, perejil y ajo. Al lado de las achuras, se sirven los chorizos, longanizas y morcillas, cuya elaboración fue heredada de la cocina francesa, española e italiana.

Los cortes, el tratamiento de la capa grasa, las formas de usar la parrilla, la selección de la leña, el salado de la carne y la temperatura del vino, son cuestiones fundamentales a la hora de enfrentar una tarde de sol, de calor lento, de jugos conservados, sin quemar ni resecar las carnes. Hay que recordarlo, primero fue el fuego y después el churrasco argentino.

Después llegaron las pastas traídas a principio de siglo por la corriente de inmigración italiana. Los postres, considerados como la más dulce herencia de la época colonial, se sirven de diferentes maneras y se disfrutan de forma integral con los pucheros, carbonadas y estofados habituales de las mesas del sur.

A diferencia de la zona central, donde se utiliza la carne profusamente, la región noroeste es famosa por los guisos campesinos, en los cuales están presentes los productos de la tierra en las sopas espesas, rebosantes de ajíes, calabazas, porotos y semillas que aromatizan y hacen más digestivos los cereales y legumbres, también usados de mil maneras.

Los fértiles valles y los terrenos poco aptos para el pastoreo, han desplazado la carne a un segundo lugar. En la región todavía permanece el legado incaico de su vecino Perú, presente sobre todo en la forma de manipular el maíz y acompañar los estofados de verduras con papas, bien convertidas en harina, mediante la antigua técnica inca, de congelarla, secarla al sol y luego molerla, o sencillamente asada o cocida para dar sabor y consistencia.

Pero si los vegetales son los reyes de la región noroeste, la mandioca y los derivados de la harina son los patronos del nordeste. Tierras inmensas, ríos salvajes, bosques sibilinos y la influencia de la poderosa tribu guaraní dominan un territorio marcado por el veleidoso temperamento de la naturaleza, del trópico donde crece impetuosa la mandioca, alimento que necesita las tierras bajas y cálidas. La mandioca va perfecta con la carne silvestre de nutrias, comadrejas, coatíes y peces de río. Con almidón de mandioca se prepara la fariña. Guayabas, zapallos, papayas y piñas, están siempre pre-

sentes en las mesas de madera rústica y manteles de algodón. Los cansados comensales recuperan fuerzas con las albóndigas, tortillas y potentes y revitalizadoras sopas.

Lo dice la sapiencia popular: en el nordeste hay que ser un hombre caraí mbaraté fuerte, que come y sabe lo que come. Un hombre consciente de que cuando come un alfajor de mandioca, o un pan de miel, y el no menos y delicioso venado al galeto, está alejándose de ser un caraí pungá; es decir un impotente, un enfermizo mal comedor.

Antes de continuar por las tierras y los fuegos encendidos, vale la pena hacer un alto, tomarse un mate y reconocer porqué es el "contraveneno segurísimo del tedio". El mate es símbolo de hospitalidad, el mensajero del amor, de las penas, del lenguaje secreto de los sentimientos. Recorre bajo diferentes apariencias los hogares argentinos, y ante todo es el camarada del gaucho de La Pampa.

En la Patagonia, la tierra cifrada, cuyas descripciones estremecen y transportan: "Llanuras desiertas, vientos huracanados, espesas nieblas, un frío lacerante y la sensación constante de que el cielo está a punto de desplomarse sobre la tierra... En sus dominios, los hombres mejor preparados parecen peleles", escribía sobre ella Javier Pérez de Albéniz. En este paisaje de lagos y montañas de nieve eterna, nada mejor que un mate y el espíritu abierto a la extraña aventura de reconocer los más inusuales vocablos, las anécdotas y comidas más vernáculas de los alemanes y galeses que todavía pululan por estas comarcas –tal vez como última huella de los gigantes de la Patagonia extinguidos hace ya varios siglos–.

En "el país del viento", se come la carne de oveja famosa por su sólida textura. Tiernos corderos se asan en esas casas perdidas de la Patagonia. La brasa recoge el olor de la carne, el sabor del costillar de ciervos, jabalíes y antílopes. Cada día se consiente una cultura de los platos delicada y sabiamente condimentados con flores silvestres, eneldo y mejorana.

En los hogares no puede faltar el vino elaborado a orillas del río Negro. Los pescados de río, los filetes de jabalí, el rotundo cabernet, el fuego, la tierra del Sur, los platos más sugestivos y auténticos, tan tentadores al paladar en la montaña, con pocos elementos y muchas hierbas aromáticas, así como en la costa con los frutos de mar, las algas, la tortilla de pingüino, el salmón y la sabia combinación del mar y la tierra.

Los tesoros y secretos de la cocina argentina, famosa por sus variopintas influencias, se han condensado en las páginas de un libro, que también es un homenaje a la dulzura y sapiencia de todas aquellas mujeres que, además de sus ilusiones, arrastraron a los nuevos territorios los secretos forjados en torno a la lumbre.

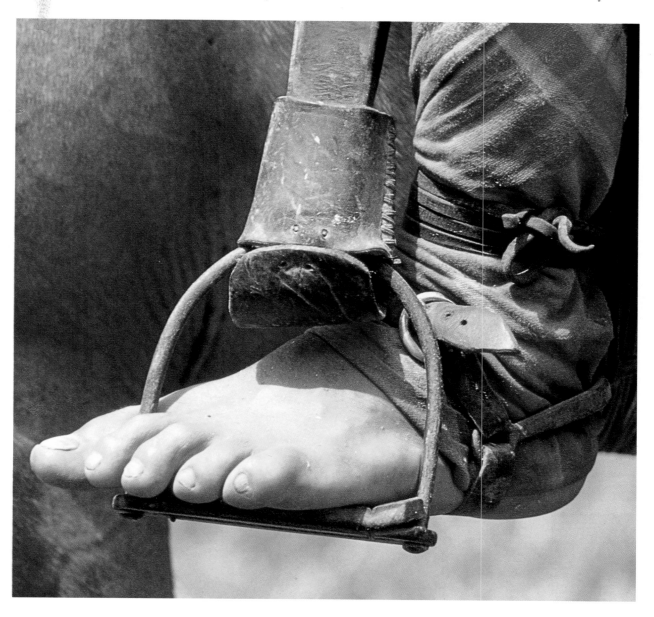

SALSAS

Y

BEBIDAS

Salsa de naranja al curry

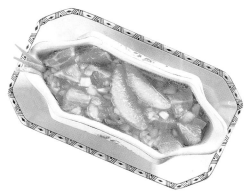

Ingredientes para 3 tazas:

1 cucharada de aceite de maíz • 1/2 lb de cebollas picadas • 1 lb de naranjas, peladas y cortadas en cubitos • 3 cucharadas de vinagre de manzana • 2 cucharadas de curry • 1 cucharada de estragón • 6 cucharadas de azúcar morena • Sal • Pimienta

Calentar el aceite en una sartén y rehogar las cebollas a fuego bajo hasta que estén transparentes.

A continuación, incorporar todos los ingredientes restantes y cocinar a fuego bajo durante 1 hora, revolviendo de vez en cuando, para evitar que se peguen.

Salsa de tomate y albahaca

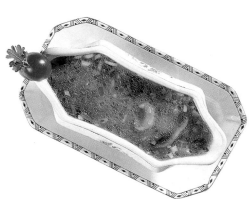

Ingredientes para 4 tazas:

1 lb de champiñones cortados en láminas • 1 cucharada de manteca • 2 lb de tomates cocinados y tamizados • 1 vasito de crema de leche • 2 cucharadas de ajedrea picada • 2 cucharadas de albahaca picada • 2 dientes de ajo • Sal

Calentar la manteca en una sartén al fuego y freír los champiñones hasta que estén tiernos pero firmes.

Mientras tanto, poner todos los ingredientes restantes en un recipiente y mezclar bien.

A continuación, añadir los champiñones cocinados, revolver y servir.

Salsa de crema y queso

Ingredientes para 4 tazas:

2 tazas de salsa blanca espesa • 1 taza de crema de leche • 1 cucharadita de perejil • 1/2 cucharadita de pimienta blanca • 1/2 cucharadita de nuez moscada • 1 cucharadita de azúcar • 1 taza de queso parmesano rallado • Sal

Poner todos los ingredientes en un recipiente y mezclarlos bien. Salar al gusto, revolver y servir con todo tipo de pastas.

Salsa para asados

Ingredientes para 4 tazas:

1 lb de pimentones (pimientos morrones) rojos • 3 cucharadas de ají molido • 2 cucharadas de pimienta negra molida • 3 cucharadas de ajíes pelados y picados • 2 cucharaditas de romero seco • 2 cucharaditas de orégano seco • 2 cucharaditas de perejil fresco picado • 2 cucharaditas de albahaca picada • 2 taza de vinagre de vino blanco • 1 taza de aceite • Sal

Asar los pimentones en el horno, precalentado a 190° C (375° F). Retirarlos, dejar enfriar, pelar y desechar las semillas, y cortarlos en trocitos.

Mezclar todos los ingredientes. Agregar los pimentones preparados, salar y servir o envasar en frascos de cristal y esterilizarlos, hirviéndolos durante 20 minutos.

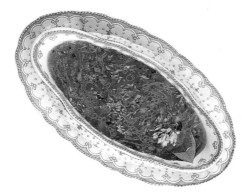

Chimichurri

Ingredientes para 1 1/2 tazas:

4 cucharadas de aceite • 1 taza de vinagre de vino tinto • 4 cucharadas de pimientón picante o pimienta de Jamaica • 4 dientes de ajo machacados • 1 cucharadita de pimienta negra • 1 cucharada de orégano • 1 hoja de laurel desmenuzada • 1/2 cucharada de sal • 1 cucharadita de perejil picado

Combinar todos los ingredientes en una botella, ajitándola bien para que se mezclen, y dejar en un sitio frío o en el refrigerador durante 4 ó 5 días para que el chimichurri tenga todo su sabor.

Esta salsa es muy popular con las carnes a la parrilla o con cualquier clase de carne o ave asada.

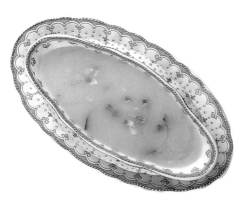

Salsa porteña

Ingredientes para 2 tazas:

1/2 taza de aceite • 1 diente de ajo picado • 1 hoja de laurel • 1 cucharada de harina de trigo • 1 taza de caldo • Una pizca de nuez moscada • 1/2 lb de jamón picado • Sal • Pimienta

Calentar el aceite en una olla al fuego y freír el ajo y el laurel. Agregar la harina, dorarla e incorporar el caldo, poco a poco, sin dejar de revolver. Sazonar con sal, pimienta y nuez moscada y cocinar durante 10 minutos. Antes de servir, agregar el jamón.

Salsa criolla

Ingredientes para 2 tazas:

2 cebollas medianas • 2 pimentones (pimientos morrones) rojos • 2 tomates pelados y sin semillas • 2 dientes de ajo cortados en láminas • 1 cucharada de perejil fresco, picado • 1 cucharadita de orégano • 1/2 taza de aceite • 1/4 taza de vinagre • Sal • Pimienta

Poner en un recipiente al fuego abundante agua y hervir las cebollas y los pimentones, durante unos minutos. Escurrir y cortar las cebollas en trozos y los pimentones en tiras. Poner en un recipiente.

Cortar los tomates en rodajas y estas en cuartos y poner en el recipiente junto con las cebollas y los pimentones. Añadir todos los ingredientes restantes, y mezclar bien. Servir con carnes a la parrilla y en especial con pucheros.

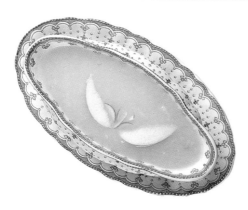

Salsa de rábanos picantes

Ingredientes para 1 taza:

1/2 taza de crema de leche • 2 cucharadas de rábanos picantes, rallados • 1/2 manzana, rallada

Batir ligeramente la crema para que tome un poco de consistencia.

A continuación, añadirle las dos cucharadas de rábano picante rallado y la manzana y mezclar bien, revolviendo con una cuchara de madera.

Por último, servir acompañando pescados, ahumados, huevos duros, o al gusto.

Martínez

Ingredientes para 1 persona:

1 1/2 medidas de ginebra • 1/2 medida de vermut francés •
3 golpes de curaçao • 2 golpes de naranja

Verter todos los ingredientes en el vazo mezclador con hielo. Revolver y colar sobre una copa de cóctel.

Licor de naranja

Para 1 1/2 litros:

1 naranja • 1/2 l de alcohol refinado • 2 lb de azúcar •
1 l de agua

Poner en un frasco de boca ancha el alcohol. Sujetar la naranja con un bramante colgando un centímetro o centímetro y medio por encima del alcohol. Tapar el frasco y dejar reposar 17 días.
Pasado ese tiempo, disolver el azúcar en el agua hirviendo y dejar reposar 12 horas. Añadir el alcohol del frasco y mezclar bien.

De izquierda a derecha: Dry Martini; Licor de naranja;
Gin Tonic y Martínez.

Dry Martini

Ingredientes para 1 persona:

1 medida de ginebra • 3 gotas de vermut blanco seco • 1
aceituna • Cubitos de hielo

Mezclar los ingredientes en el vaso mezclador, salvo la aceituna. Colar sobre una copa de cóctel. Adornar con la aceituna pinchada en un palillo.

Gin Tonic

Ingredientes para 1 persona:

1 dl de ginebra seca • Indian Tonic • 1 rodaja de limón •
Hielo

Colocar el hielo y el limón en el vaso, verter la ginebra sobre el hielo y terminar de llenar con Indian Tonic, revolver con una varilla mezcladora.

Tereré

Para 1 persona:

Llenar con yerba mate un calabacín hasta 2/3 de su capacidad. Colocar la bombilla en el calabacín y agregar agua helada y cubitos de hielo.

Mate pampeano

Para 1 persona:

Echar en las brasas un terroncito de azúcar, recoger con una cucharita y poner en la calabaza. Tapar con la palma de la mano y sacudir para que el azúcar quemada impregne la superficie interior de la calabaza. Verter dentro un chorrito de agua caliente, agregar la yerba hasta tres quintas partes del mate e introducir la bombilla.
Echar agua muy caliente, hasta que el nivel de la infusión llegue a la boca del mate. Espolvorear la superficie con un poco de azúcar, y cuando la infusión se asiente, agregar agua hasta que se forme un copete de espuma.

De izquierda a derecha: Tereré; Mate pampeano; Mate cocido y Arrope de tuna.

Mate cocido

Para 1 persona:

Poner agua a hervir, añadir la yerba y dejar hervir como máximo 2 minutos. Dejar reposar, colar y servir. Puede añadirse leche y azúcar al gusto, si así lo desea. También puede hervirse en leche en vez de agua.

Arrope de tuna

Ingredientes para 4 personas:
4 lb de tunas • 2 tazas de agua

Pelar las tunas, cortar en trocitos y poner en una paila de cobre. Cubrir con el agua y cocinar, revolviendo con una cuchara, hasta que las tunas estén deshechas. Colar por un tamiz y cocinar de nuevo el líquido, hasta que tome un color oscuro.

RECETAS
PASO A PASO

— Sopa de rabo —

Ingredientes para 6 personas:

1 rabo de res, cortado en ruedas
3 cucharadas de harina de trigo
100 g de manteca
1 cebolla grande cortada en aros finos
3 l de agua
1 tomate entero
1 puerro cortado en trozos
1 ramita de orégano
4 papas medianas, peladas y cortadas por la mitad
1 lb de auyama (zapallo) cortada en dados
Sal y pimienta

Lavar bien bajo el chorro del agua fría los trozos de rabo y secarlos con un paño de cocina. Pasarlos por harina, dorarlos en una sartén al fuego con la manteca caliente, retirarlos con una espumadera y reservar.

A continuación, pasar la grasa de la sartén a una olla y dorar la cebolla hasta que ésta esté bien dorada. Agregar el agua hirviendo y mezclar bien.

Seguidamente, incorporar el rabo, el tomate, el puerro y el orégano. Sazonar con sal y pimienta, tapar y cocinar a fuego bajo, hasta que el rabo esté tierno.

Finalmente, incorporar las papas y la auyama, rectificar la sazón y cocinar hasta que estén tiernas.

1. Enharinar las ruedas de rabo y freír en la manteca caliente.

2. Pasar la grasa a una olla y dorar la cebolla.

3. Añadir el agua, revolver e incorporar el rabo, el tomate, el puerro y el orégano, y cocinar.

4. Agregar por último las papas y la auyama y cocinar hasta que estén tiernas.

— Sopa de choclos —

Ingredientes para 6 personas:

1/2 taza de aceite
1 cebolla finamente picada
1 zanahoria grande
1 papa grande
1/2 lb de auyama (zapallo)
6 choclos desgranados
1 1/2 l de agua

1 cucharada de perejil fresco picado
Pimienta
Sal

Calentar el aceite en una olla al fuego agregar la cebolla finamente picada y rehogar, revolviendo con una cuchara, hasta que esté transparente.

Mientras tanto, cortar las verduras en daditos y, una vez que la cebolla esté rehogada, añadirlas a la olla, junto con los choclos desgranados.

A continuación, agregar el agua, sazonar con sal y pimienta y cocinar a fuego bajo durante 40 minutos. Servir salpicada con el perejil picado.

1. Calentar el aceite en una olla y rehogar la cebolla.

2. Limpiar y cortar todas las verduras en daditos.

3. Añadirlas a la olla junto con los choclos desgranados.

4. Agregar el agua, sazonar y terminar de cocinar.

— Sopa buri —

Ingredientes para 6 personas:

Para el caldo:

1/2 gallina
2 l de agua
2 zanahorias
1 cebolla
2 puerros
1 ramito de perejil
1 ramita de apio
1 cucharada de manteca
Sal

Para las albondiguillas:

1 panecito remojado en leche
2 cucharadas de harina de maíz (catete o abatí morotí)
2 yemas de huevo
2 cucharadas de queso rallado
1 cucharada de perejil fresco, finamente picado
Sal y pimienta

Poner en una olla la gallina, el agua y las verduras. Salar y cocinar a fuego bajo hasta que la gallina esté tierna. Retirar del fuego, reservar la gallina y las zanahorias aparte y colar el caldo. A continuación, deshuesar la gallina, picarla y hacer dos partes. Poner una parte de gallina en un recipiente y añadir todos los ingredientes de las albondiguillas. Mezclar y formar albondiguillas, del tamaño de una aceituna.

Poner el caldo colado junto con la gallina restante en una olla al fuego, y cuando rompa a hervir, se van añadiendo las albondiguillas, poco a poco. Cocinar durante 20 minutos.

Cortar las zanahorias en rodajas y saltearlas en la manteca caliente.

Por último, incorporar las zanahorias a la sopa y servir.

1. Cocinar la gallina con las verduras hasta que esté tierna.

2. Deshuesar y picar la gallina, y hacer dos partes.

3. Mezclar una parte de gallina con todos los ingredientes de las albondiguillas.

4. Formar con la mezcla preparada pequeñas albondiguillas, del tamaño de una aceituna.

5. Incorporarlas al caldo con la gallina restante, cocinar, añadir las zanahorias salteadas y servir.

— Locro con carne de pecho —

Ingredientes para 6 personas:

1 1/2 tazas de maíz blanco pilado (pisado seco), remojado desde la noche anterior

1 lb de carne de pecho de res, con su gordura

1/2 lb de huesos de rodilla

1/2 lb de tocineta (panceta) salada, en 1 ó 2 trozos

1 cebolla picada

1 tomate entero

1/2 lb de auyama (zapallo) cortada en cubitos

1 batata cortada en cubitos

Sal

Para el sofrito:

4 cucharadas de aceite

1 cebolla larga (de verdeo), picada

1 cucharada de color (pimentón dulce)

1 cucharadita de comino molido

1 cucharadita de orégano seco

1 cucharadita de perejil fresco picado

1/2 pimentón (pimiento) verde

1/2 pimentón (pimiento) rojo

Sal

Poner el maíz en una olla con abundante agua. Añadir todos los ingredientes restantes excepto la auyama y la batata, salar y cocinar a fuego bajo durante 2 horas. Si fuera necesario, agregar más agua.

A continuación, incorporar la auyama y la batata y, cuando estén tiernas, apartar del fuego, retirar la carne y la tocineta y cortar, la carne en tiras y éstas deshilacharlas y la tocineta en cubitos. Poner ambas de nuevo en la olla.

Seguidamente, preparar un sofrito con todos los ingredientes y, cuando esté cocinado, servir el guiso con el sofrito en salsera aparte.

1. Poner los ingredientes en una olla y cocinar.

2. Añadir la auyama y la batata y cocinar.

3. Deshilachar la carne y cortar en cubitos la tocineta.

4. Preparar un sofrito con todos los ingredientes.

— Chupe de leche —

Ingredientes para 6 personas:

1 cucharada de manteca
1 cebolla grande finamente picada
4 papas medianas, cortadas en cubitos
1 l de leche
1/2 lb de queso fresco cortado en daditos
4 yemas de huevo
Sal y pimienta

Calentar la manteca en una olla al fuego y freír la cebolla hasta que esté dorada.

A continuación, añadir las papas y revolver bien. Incorporar la leche y el queso cortado en daditos. Sazonar con sal y pimienta y cocinar a fuego bajo hasta que las papas estén tiernas.

Por último, retirar del fuego, agregar las yemas, batiendo enérgicamente y servir.

1. Calentar la manteca y dorar la cebolla.

2. Añadir las papas cortadas en cubitos y revolver.

3. Incorporar la leche y el queso, sazonar y cocinar.

4. Retirar del fuego, añadir las yemas y batir.

— Sopa norteña —

Ingredientes para 4 personas:

2 dientes de ajo pelados

1 ají picante (locoto)

2 cebollas largas (de verdeo)

1 tomate sin semillas

1 cucharada de manteca

2 tazas de leche

3/4 taza de harina de maíz

3 yemas de huevo

1 clara de huevo

Sal

Poner en el vaso de la licuadora los ajos, el ají, las cebollas, el tomate y el perejil, y licuar.

A continuación, calentar la manteca en una sartén al fuego, agregar el preparado anterior y freír durante unos minutos.

Seguidamente, mezclar en un recipiente la leche junto con la harina, batiendo enérgicamente, con un batidor de varillas metálicas, hasta obtener una mezcla homogénea y sin grumos. Incorporar el sofrito hecho anteriormente y las yemas de huevo.

Batir la clara a punto de nieve, incorporar al preparado anterior y salar al gusto.

Por último, engrasar un molde de horno, verter en él la mezcla preparada e introducir en el horno precalentado a 165° C (325° F), durante 35 minutos.

1. Licuar los ajos, junto con el ají, la cebolla, el tomate y el perejil, y freír en la manteca caliente.

2. Mezclar la leche con la harina de maíz e incorporar el sofrito preparado y las yemas.

3. Batir la clara a punto de nieve y añadir a la mezcla anterior.

4. Verter en un molde y hornear durante 35 minutos.

— Empanadas —

Ingredientes para 8 empanadas:

Para la masa:

1 kg de harina de trigo
1 huevo grande o 2 pequeños
1 taza de grasa de pella
Agua
Sal

Para las empanadas cordobesas:

1/2 lb de carne picada a cuchillo
2 cucharadas de grasa

1 cebolla larga (de verdeo) picada
50 g de pasas
1 zanahoria cocinada y cortada en dados
1 papa pequeña cocinada y cortada en dados
1 tomate picado
1 cucharada de color (pimentón)
Sal y pimienta

Para las empanadas tucumanas:

300 g de carne molida de res
2 cucharadas de grasa de pella

1. Poner la harina en forma de volcán, y añadir el huevo y la grasa.

2. Trabajar con las manos, agregando agua hasta formar una masa.

3. Amasar bien con las manos hasta que la masa esté homogénea.

4. Poner en un recipiente, tapar con un paño y dejar reposar.

— Empanadas —

2 cebollas largas (de verdeo) picadas
2 huevos duros picados
50 g de pasas
1 cucharada de color (pimentón)
1 cucharadita de ají picante
1 cucharada de comino
Sal

Colocar la harina en una superficie de trabajo, hacer en el centro un hueco, formando un volcán, y cascar el huevo en el centro. Añadir la grasa y sal y amasar con las manos, añadiendo la cantidad de agua necesaria hasta obtener una masa compacta y homogénea. Trabajar con las manos hasta que esté suave, colocarla en un recipiente, taparla con un paño de cocina y dejar reposar durante aproximadamente unos 30 minutos.

Mientras tanto, preparar los distintos rellenos. Primero preparar el relleno cordobés, cortando la carne, con ayuda de un cuchillo bien afilado, de manera que quede en láminas muy finas.

Calentar la grasa en una sartén, agregar la cebolla y rehogar hasta que esté transparente.

5. Preparar el relleno cordobés. Picar la carne en laminitas.

6. Rehogar la cebolla, añadir los ingredientes restantes y cocinar.

7. Preparar el relleno tucumán. Cubrir con agua la carne molida.

8. Cuando la carne blanquee ponerla en un colador y escurrirla bien.

— Empanadas —

Añadir las pasas, previamente remojadas en agua, la zanahoria y la papa y mezclar.

A continuación, incorporar el tomate y el color. Sazonar con sal y pimienta al gusto, revolver para mezclar bien y cocinar durante unos 10 minutos. Retirar del fuego y dejar enfriar.

Seguidamente, preparar el relleno tucumán. Poner la carne molida en un recipiente, cubrirla con agua y revolver hasta que blanquee. Volcarla en un colador y escurrirla bien.

Calentar la grasa en una sartén y rehogar la cebolla. Incorporar los huevos, las pasas previamente remojadas en agua, la carne bien escurrida, el comino, el color y el ají. Salar y mezclar todo bien, cocinando durante unos minutos. Retirar del fuego y dejar enfriar.

A continuación, extender la masa con un rodillo, sobre una superficie enharinada, dejándola de un grosor de 1/2 cm y hacer los redondeles. Repartir sobre ellos los rellenos preparados y doblar, dándoles la forma que desee, y sellando los bordes con la punta de un tenedor o formando un cordón, para que no se salga el relleno.

Finalmente, cocinar las empanadas en el horno precalentado a 180° C (350° F) durante 15 ó 20 minutos, hasta que estén bien doradas, o freírlas en abundante aceite caliente. Servir frías o calientes, al gusto.

10. Extender la masa, con la ayuda de un rodillo, dejándola de un grosor de 1/2 cm.

9. Rehogar la cebolla en una sartén, añadir los ingredientes restantes, y revolver.

11. Formar redondeles, repartir los rellenos sobre los mismos, cerrar las empanadas y cocinar al horno o fritas.

— Humitas en chala —

Ingredientes para 6 personas:

15 choclos con sus hojas (chalas)
1/2 taza de leche
Azúcar al gusto
Canela en polvo al gusto
2 cucharadas de grasa de pella
1 cebolla picada
1 ají picado
2 tomates, pelados y picados
2 cucharaditas de color (pimentón) dulce o picante
Pimienta
Sal

Rallar los choclos, ponerlos en una olla, añadir la leche, azúcar, canela, sal y pimienta al gusto, y mezclar bien.

A continuación, calentar la grasa en una sartén y rehogar la cebolla hasta que esté transparente. Añadir el ají, los tomates y el color. Sazonar con sal y pimienta y freír, durante 10 minutos. Seguidamente, incorporar el sofrito al puré de choclos, y cocinar a fuego bajo unos minutos, sin dejar de revolver, para que se seque un poco. Retirar del fuego y dejar enfriar.

Si las hojas de choclo son frescas, lavarlas bajo el chorro del agua fría y secarlas. Si son secas, ponerlas en remojo en agua caliente, hasta que estén blanditas.

Por último, colocar dos hojas en forma de cruz, sobre una superficie lisa, y poner en el centro 2 cucharadas del preparado anterior. Cerrar las hojas, formando un paquetito. Atar con tiras hechas de las hojas sobrantes y cocinar en agua hirviendo con sal, durante 2 horas.

1. Rallar los choclos y poner en una olla con la leche, azúcar, canela, sal y pimienta.

2. Preparar un sofrito con los ingredientes restantes, cocinando 10 minutos.

3. Mezclar el sofrito con el puré de choclo y cocinar para que seque.

4. Poner 2 cucharadas del preparado sobre las hojas de choclo.

5. Formar los paquetitos y cocinar durante 2 horas.

— Pastel de estancia —

Ingredientes para 4 personas:

4 papas • 2 cebollas
12 choclos • 2 tazas de agua
3 cucharadas de harina de trigo
2 cucharadas de manteca
2 tazas de leche • 2 yemas de huevo
Sal y pimienta

Pelar las papas y cortarlas en dados. Pelar y picar las cebollas. Desgranar los choclos.

Poner en una cazuela de barro una capa de papas. Sobre éstas una de cebollas y a continuación, otra de granos de maíz. Repetir la operación terminando con maíz. Poner la cazuela al fuego, añadir el agua, tapar y cocinar 20 minutos.

Mezclar en un recipiente la leche, la harina y 1 cucharada de manteca. Salpimentar, verter la mezcla sobre la preparación anterior y continuar la cocción unos minutos más.

Finalmente, batir las yemas con la manteca restante, incorporarlas a la cazuela, revolver y servir bien caliente.

3. Añadir las dos tazas de agua, tapar el recipiente y cocinar durante 20 minutos.

4. Mezclar la leche con la harina y la manteca, sazonar y agregar a la cazuela.

1. Cortar las papas. Picar las cebollas y desgranar los choclos.

2. Poner una capa de papas en una cazuela, otra de cebolla y otra de maíz. Repetir.

5. Batir las yemas junto con la manteca restante, incorporarlas a la cazuela, mezclar y servir.

— Pimientos rellenos de chorizo —

Ingredientes para 4 personas:

2 pimentones (pimientos) rojos o verdes
2 cucharadas de aceite
2 chorizos sin piel y desmenuzados
1 cebolla picada
2 cucharadas de extracto de tomate
2 tazas de arroz blanco cocinado
Pan molido
Aceite
Sal

Lavar los pimentones, cortarlos por la mitad en sentido longitudinal, desechar las semillas y cocinarlos en agua hirviendo con sal unos 10 minutos.

A continuación calentar las 2 cucharadas de aceite y freír el chorizo. Añadir la cebolla y freírla hasta que esté transparente. Incorporar el extracto de tomate y el arroz hervido y mezclar todo bien, sazonándolo.

Seguidamente, rellenar con la mezcla preparada los pimentones y colocarlos en una fuente de horno. Salpicar la superficie con el pan molido, rociarlos con un poco de aceite y añadir un poco de agua a la fuente.

Por último, introducir en el horno, precalentado a 165° C (325° F) durante unos minutos, hasta que estén bien dorados. Servir muy calientes.

1. Cortar los pimentones por la mitad y cocinarlos unos 10 minutos.

2. Freír el chorizo y la cebolla y mezclar con el tomate y el arroz.

3. Rellenar con el preparado los pimentones y colocarlos en una fuente.

4. Salpicarlos con el pan molido, rociar con aceite y hornear unos minutos.

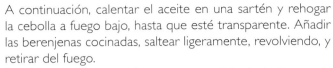

— Budín de berenjenas —

Ingredientes para 6 personas:

2 lb de berenjenas
1/2 taza de aceite
1 cebolla mediana, picada
4 rebanadas de pan, sin corteza, cortado en dados
2 tazas de leche hirviendo
4 huevos
1/2 taza de queso rallado
Pan molido
Sal y pimienta

Pelar las berenjenas, cortarlas en trozos y verter en una olla. Cubrir con agua, salar y cocinar hasta que la berenjena esté tierna. Colar y dejar escurrir.

A continuación, calentar el aceite en una sartén y rehogar la cebolla a fuego bajo, hasta que esté transparente. Añadir las berenjenas cocinadas, saltear ligeramente, revolviendo, y retirar del fuego.

Seguidamente, poner el pan en un recipiente junto con la leche y deshacerlo con un tenedor.

Finalmente mezclar en un recipiente grande la berenjena con cebolla, el pan remojado en leche, los huevos batidos y el queso rallado. Sazonar con sal y pimienta, revolver todo bien y verter en un molde previamente engrasado y espolvoreado con pan molido.

Introducir en el horno, precalentado a 165° C (325° F), durante 1 hora aproximadamente, hasta que esté bien cuajado. Servir caliente o frío, al gusto.

1. Pelar las berenjenas, cortarlas en trozos y cocinarlas en una olla con agua y sal.

2. Freír ligeramente las cebollas, añadir las berenjenas cocinadas y revolver.

3. Poner el pan con la leche en un recipiente y deshacerlo con un tenedor.

4. Mezclar todos los ingredientes, verter en un molde engrasado y espolvoreado con pan molido y hornear.

— Palmitos gratinados —

Ingredientes para 6 personas:

1 lata de palmitos
1/2 lb de jamón cocido y picado
4 cucharadas de perifollo picado
2 cucharadas de mantequilla
2 tazas de crema de leche
4 yemas de huevo
Queso rallado
Sal y pimienta

Cortar los palmitos en rodajas, reservando 1 para el adorno, y colocarlos en una fuente de horno. Añadir el jamón y el perifollo, y salpicar la superficie con pegotitos de mantequilla. Sazonar con sal y pimienta y reservar.

A continuación batir las yemas de huevo, incorporar la crema de leche y mezclar.

Seguidamente, cubrir con esta mezcla los palmitos preparados, espolvorear por encima con queso rallado e introducir en el horno, con el broiler encendido, durante 30 minutos, para que estén bien gratinados.

Por último, servir decorados con el palmito reservado anteriormente, cortado en rodajas.

1. Cortar los palmitos en rodajas y colocarlos en una fuente.

2. Añadir el jamón picado, el perifollo y pegotitos de mantequilla.

3. Batir las yemas y mezclarlas con la crema de leche.

4. Añadir a la fuente con los palmitos y gratinar unos 30 minutos.

— Carbonada en zapallo —

Ingredientes para 4-6 personas:

1 auyama (zapallo) de unas 8-10 lb
2 cucharadas de manteca
1/2 taza de leche
3 choclos
1 tacita de aceite
1/2 taza de arroz
1 cebolla finamente picada
2 ajíes
1 lb de carne de ternera cortada en cubitos
2 tomates pelados y picados
1 vaso de vino blanco
1 cucharada de azúcar
Sal y pimienta

Lavar la auyama y secarla. Cortar la parte superior de la auyama reservando la parte cortada para utilizarla como tapa, y retirar las semillas. Untar el interior de la auyama con la manteca, practicar unos cortes en la pulpa y rociarla con la leche.

Mover la auyama para que la leche impregne bien la pulpa, cubrir con su tapa reservada e introducir en el horno, precalentado a 190° C (375° F) durante 1 1/2 horas.

Seguidamente, trocear los choclos y cocinarlos en una olla al fuego, durante unos minutos hasta que estén tiernos.

Calentar dos cucharadas de aceite en una sartén y rehogar el arroz.

Calentar el aceite restante en una olla al fuego y dorar la cebolla y los ajíes. Incorporar la carne y, cuando empiece a tomar color, agregar los tomates, el vino y el azúcar, salpimentar, tapar el recipiente y cocinar unos 20 minutos. Incorporar el arroz y cocinar unos 5 minutos más.

Transcurrido el tiempo de horneado de la auyama, retirarla del horno, añadir a la carbonada preparada el choclo y rellenar con ella la auyama. Tapar e introducir de nuevo en el horno durante 15 minutos más.

1. Lavar y secar la auyama, retirar una tapa de la parte superior y extraer las semillas.

2. Untar el interior con la manteca, hacer cortes en la pulpa y rociarla con la leche.

3. Calentar un poco de aceite en una sartén y rehogar el arroz.

4. Calentar el aceite restante y rehogar la cebolla y los ajíes, agregar la carne, los tomates, el vino, el azúcar, sal y pimienta y cocinar.

5. Rellenar la auyama previamente horneada, con la carbonada preparada mezclada con los choclos y hornear 15 minutos.

— Canelones de pollo —

Ingredientes para 4 personas:

1/2 lb de carne de pollo cocinada
1 taza de puré de zanahorias
1/2 taza de queso ricotta
1 huevo
3 hojas grandes de albahaca fresca, finamente picada
1 diente de ajo picado
1/2 taza de salsa blanca
12 placas de canelones
1 cucharada de mantequilla
2 tazas de salsa bechamel
Nuez moscada al gusto
Pimienta
Sal

Picar la carne de pollo, desechando la piel y los huesos que pudiera tener. Ponerla en un cuenco, agregar el puré de zanahorias, el queso ricotta, el huevo, la albahaca, el ajo, la salsa blanca, sazonar con sal, pimienta y nuez moscada al gusto y mezclar todo bien.

Seguidamente, calentar abundante agua con sal en una olla al fuego, cuando comience la ebullición, incorporar las placas de canelones y cocinar hasta que estén "al dente". Escurrir bien, pasarlas por agua fría y colocarlas sobre un paño de cocina. Rellenar los canelones con la mezcla preparada y colocarlos sobre una placa de horno previamente engrasada con la mantequilla.

Calentar ligeramente la salsa bechamel y cubrir con ella los canelones. Introducir en el horno con el broiler encendido, hasta que la superficie esté dorada.

1. Picar la carne de pollo, con ayuda de un cuchillo, y ponerla en un recipiente.

2. Añadir los ingredientes restantes excepto la bechamel y los canelones y mezclar.

3. Rellenar los canelones cocidos con la mezcla y colocar en una placa de horno.

4. Calentar la salsa bechamel en un recipiente al fuego y cubrir con ella los canelones. Hornear hasta que la superficie esté dorada.

— Tallarines con tuco —

Ingredientes para 4 personas:

400 g de tallarines

1 hoja de laurel

1/2 taza de queso rallado

Para la salsa (tuco) de carne:

4 cucharadas de aceite

1 cebolla grande, finamente picada

1 diente de ajo picado

1/2 lb de carne molida

1 zanahoria rallada

2 tazas de tomates picados

1 hoja de laurel

1 taza de caldo

Sal y pimienta

Calentar abundante agua con sal en una olla al fuego y cuando comience la ebullición, incorporar los tallarines y la hoja de laurel y cocinar hasta que estén "al dente". Escurrir bien y eliminar el laurel.

A continuación, calentar el aceite en una sartén al fuego, agregar la cebolla y el ajo y rehogar.

Seguidamente, añadir a la sartén la carne y freír hasta que tome color. Incorporar la zanahoria, los tomates, la hoja de laurel y el caldo, sazonar con sal y pimienta al gusto y cocinar durante aproximadamente 1 hora, hasta obtener una salsa espesa.

Por último, poner sobre el fondo de una fuente de servir parte de la salsa preparada, disponer sobre ella los tallarines y cubrir con la salsa restante. Servir enseguida espolvoreados con el queso rallado.

1. Calentar agua con sal en una olla, añadir los tallarines y el laurel y cocinar.

2. Rehogar la cebolla y el ajo en una sartén al fuego con el aceite caliente.

3. Agregar la carne y el resto de los ingredientes y cocinar hasta conseguir una salsa espesa.

4. Verter parte de la salsa en una fuente, poner encima los tallarines y cubrir con la salsa restante.

— Ensalada festiva —

Ingredientes para 4 personas:

1 lechuga fresca
100 g de queso cremoso
1 taza de piña (ananá) natural, picada
2 aguacates (paltas)
El jugo de 1 limón
1 pimentón (pimiento) asado, sin piel y cortado en tiras

Para el condimento francés:

6 cucharadas de aceite
6 cucharadas de ketchup
2 cucharadas de jugo de limón
1 cucharadita de mostaza
Sal y pimienta

Separar las hojas de la lechuga, y lavarlas bien en un recipiente con agua fría; escurrirlas y disponerlas de manera decorativa en una fuente de servir.

A continuación, cortar el queso en cubitos y ponerlo, junto con la piña picada, sobre la lechuga.

Seguidamente, pelar los aguacates, eliminar el hueso y cortarlos en láminas. Añadir los aguacates a la ensalada, rociarlos con el jugo de limón para evitar que se ennegrezcan y agregar las tiras de pimentón rojo.

Verter en un recipiente el aceite, el ketchup, el jugo de limón y la mostaza, sazonar con sal y pimienta y batir enérgicamente hasta obtener una salsa homogénea.

Por último, condimentar la ensalada con la salsa preparada y servir.

1. Lavar y escurrir las hojas de lechuga.

2. Poner sobre la lechuga el queso y la piña picados.

3. Pelar los aguacates, abrirlos por la mitad, eliminar el hueso y cortarlos en láminas.

4. Añadirlos a la ensalada, rociar con limón, incorporar el pimentón y cubrir con la salsa preparada.

— Croquetas de repollo —

Ingredientes para 4 personas:

1 repollo mediano
4 huevos
3 cucharadas de perejil fresco, picado
3 cucharadas de harina de trigo
1 tacita de leche
Aceite abundante para freír
Pimienta
Sal

Cortar el repollo en trozos, poner en una olla, cubrir con agua, salar y cocinar hasta que esté tierno. A continuación, escurrir bien el repollo y picarlo muy finamente.

Seguidamente, batir los huevos en un recipiente, incorporar el repollo picado, el perejil, la harina y la leche, sazonar con sal y pimienta al gusto y revolver bien con una cuchara de madera.

Calentar abundante aceite en una sartén al fuego, tomar porciones de la mezcla preparada, con ayuda de una cuchara, y freírlas, poco a poco, en el aceite bien caliente.

Cuando las croquetas de repollo estén doradas de manera uniforme, retirarlas de la sartén con una espumadera y ponerlas sobre papel absorbente de cocina para eliminar el exceso de grasa.

Por último, pasar las croquetas a una fuente y servirlas bien calientes acompañadas, si lo desea, de ensalada de lechuga y tomate.

1. Poner el repollo troceado en una olla, cubrir con agua y cocinar.

2. Escurrir bien el repollo y picarlo muy fino.

3. Batir los huevos, añadir el repollo y los ingredientes restantes y mezclar bien.

4. Por último, freír en abundante aceite caliente cucharadas de la mezcla, hasta que estén bien doradas.

— Revuelto de camarones —

Ingredientes para 4 personas:

300 g de camarones frescos, pelados
2 cebollas grandes
3 cucharadas de aceite
4 huevos
Una pizca de mostaza en polvo
2 cucharadas de perejil fresco, finamente picado
Sal

Pelar las cebollas y cortarlas en medias rodajas finas.

A continuación, calentar el aceite en una sartén al fuego y freír las cebollas hasta que estén transparentes.

Seguidamente, incorporar los camarones y cocinar durante 1 minuto, revolviendo.

Batir los huevos en un recipiente, salar al gusto e incorporar la mostaza y el perejil.

Verter el batido de huevos en la sartén sobre los camarones y cocinar, revolviendo constantemente con una cuchara de madera, hasta que los huevos estén cuajados.

Por último, servir el revuelto bien caliente acompañado de pan frito.

1. Pelar las cebollas y cortarlas en rodajas finas.

2. Freír la cebolla en una sartén con el aceite caliente.

3. Cuando la cebolla esté transparente incorporar los camarones y revolver.

4. Batir los huevos y agregar sal, la mostaza y el perejil.

5. Verter el preparado en la sartén y cocinar hasta que cuaje.

— Tortilla de chauchas —

Ingredientes para 4 personas:

2 tazas de habichuelas (chauchas) cocidas y picadas
3 cucharadas de aceite
1 cebolla finamente picada
1/2 taza de jamón cocido, muy picado
1/2 diente de ajo, finamente picado
Perejil fresco, picado
Sal y pimienta

Calentar el aceite en una sartén al fuego y freír la cebolla hasta que esté transparente.

Seguidamente, incorporar el jamón y rehogar. Agregar las habichuelas y cocinar unos minutos.

Batir los huevos en un recipiente, sazonar con sal y pimienta al gusto, agregar el ajo y el perejil y mezclar.

Por último, verter en la sartén los huevos batidos y cuajar la tortilla por los dos lados. Servir enseguida bien caliente.

1. Calentar el aceite en una sartén y dorar la cebolla picada.

2. Incorporar a la sartén el jamón, rehogar y añadir las habichuelas.

3. Batir los huevos, salpimentar e incorporar el ajo y el perejil.

4. Verter los huevos batidos en la sartén y cuajar la tortilla.

— Salmón al azafrán —

Ingredientes para 4 personas:

1/2 taza de aceite
1 diente de ajo sin pelar
1 trozo de salmón de 2 1/2 lb aproximadamente, sin espinas
2 cucharadas de perejil fresco, picado
2 tomates pelados y picados
2 hojas de laurel
1/2 cucharadita de color (azafrán o pimentón)
1/2 vaso de vino blanco seco
Sal y pimienta

Calentar el aceite en una fuente de horno al fuego, agregar el diente de ajo y freír hasta que esté dorado.

A continuación, colocar en la fuente el trozo de salmón y espolvorear con el perejil.

Seguidamente, distribuir sobre el perejil los tomates y las hojas de laurel troceadas y sazonar con sal y pimienta al gusto.

Disolver en un poco de agua tibia el color y verter sobre el salmón.

Por último, rociar con el vino e introducir en el horno, precalentado a 190° C (375° F), durante aproximadamente unos 15 ó 20 minutos.

Si fuese necesario, reducir la salsa al fuego, antes de servir el salmón con tomatitos y papitas cocidas o acompañado de arroz blanco o puré de papas.

1. Calentar el aceite y dorar el diente de ajo.

2. Colocar en la fuente el salmón y espolvorear con el perejil.

3. Añadir los tomates picados y el laurel.

4. Verter el color disuelto en agua, rociar con el vino y hornear.

— Brandada de merluza —

Ingredientes para 4 personas:

4 rebanadas de corvina (merluza)
2 tazas de aceite
2 tazas de leche
Nuez moscada al gusto
Pimienta
Sal

Calentar abundante agua en una olla al fuego, agregar las rebanadas de corvina y cocinar durante aproximadamente unos 15 minutos.

Escurrir el pescado y secarlo cuidadosamente con un paño de cocina; desmenuzarlo sobre un recipiente, desechando la piel y todas las espinas y revolver bien con una cuchara de madera.

Calentar por separado la leche y el aceite, agregar ambos ingredientes, alternándolos, a la corvina, y revolver bien con la cuchara de madera, hasta que la preparación tenga una consistencia homogénea.

Por último, sazonar con sal, pimienta y nuez moscada al gusto, y mezclar. Distribuir en recipientes individuales e introducir en el horno con el broiler encendido hasta que la superficie esté ligeramente dorada.

1. Cocinar las rodajas de corvina en abundante agua, escurrir y secar con un paño.

2. Desmenuzar el pescado sobre un recipiente y revolver con una cuchara para deshacerlo bien.

3. Incorporar, alternándolos, el aceite y la leche, y revolver hasta obtener una mezcla homogénea.

4. Sazonar el preparado con sal, pimienta y nuez moscada, distribuir la brandada en recipientes individuales y hornear.

— Caldillo de congrio —

Ingredientes para 4 personas:

2 lb de corvina o congrio, cortado en rebanadas gruesas
El jugo de 1 limón
5 papas
2 zanahorias, cortadas en rodajas
2 tomates, cortados en rodajas finas
1 cebolla grande, cortada en aros
2 dientes de ajo picados
Orégano al gusto
Color (pimentón) al gusto
1 taza de caldo de pescado
1 vaso de vino blanco seco
4 cucharadas de aceite
Pimienta
Sal

Lavar bien las rebanadas de corvina, secarlas y colocarlas en una sola capa, en una olla de barro. Salar el pescado y rociar con el jugo de limón.

Pelar las papas, cortarlas en rodajas y cubrir el pescado con la mitad de las mismas y con las zanahorias.

Seguidamente, poner sobre las papas las rodajas de tomate y de cebolla y los ajos y cubrir con el resto de las papas. Espolvorear con el orégano, agregar el color y sazonar con sal y pimienta al gusto.

Rociar la preparación con el caldo, el vino y el aceite.

Por último, tapar el recipiente, poner a fuego fuerte y, cuando comience la ebullición, bajar el fuego, y cocinar, hasta que todo esté tierno.

1. Poner las rebanadas de corvina en una olla y rociar con el jugo de limón.

2. Cubrir el pescado con una capa de rodajas de zanahoria y la mitad de las papas.

3. Formar sobre la capa de papas y zanahorias otra capa de cebolla y de tomates, cubrir con el resto de las papas y sazonar.

4. Rociar la preparación con el caldo, el aceite y el vino, tapar el recipiente y cocinar.

— Truchas a la granjera —

Ingredientes para 4 personas:

4 truchas limpias
El jugo de 1 limón
1 lb de papas peladas y cortadas en cubitos
1/2 lb de zanahorias cortadas en cubitos
Jengibre y nuez moscada (opcional)
1/4 l de champagne brut
1 taza de caldo
2 cucharadas de mantequilla
Pimienta
Sal

Lavar y secar las truchas. Ponerlas en una fuente de horno y rociarlas con el jugo de limón.

A continuación, cocinar las papas y las zanahorias en una olla con agua, teniendo cuidado de que queden poco hechas. Escurrir, ponerlas en la fuente con las truchas, salpimentar y añadir, si lo desea, el jengibre y la nuez moscada. Seguidamente, rociar la preparación con el champagne y el caldo y distribuir por la superficie la mantequilla en trocitos. Por último, tapar la fuente con una lámina de papel de aluminio e introducir en el horno, precalentado a 220° C (425° F), durante aproximadamente unos 15 minutos.

1. Poner las truchas bien limpias y secas en una fuente de horno y rociarlas con el jugo de limón.

2. Poner en la fuente con las truchas las papas y las zanahorias ligeramente cocinadas.

3. Rociar la preparación con el champagne y distribuir por encima la mantequilla en trocitos.

4. Tapar la fuente con papel de aluminio y hornear a temperatura fuerte durante 15 minutos.

— Vieiras a la Bahía de Valdez —

Ingredientes para 4 personas:

12 vieiras troceadas
1 vaso de cerveza
Harina de trigo para rebozar
2 cucharadas de aceite
4 cucharadas de mantequilla
2 dientes de ajo picados
1 tomate pelado y picado
2 cucharadas de jugo de limón
1 cucharada de perejil fresco, picado
Sal y pimienta

Poner en recipientes separados la cerveza y la harina y pasar las vieiras primero por la cerveza y a continuación por la harina.

Seguidamente, calentar el aceite y la mantequilla en una sartén grande al fuego y freír las vieiras hasta que estén ligeramente doradas. Bajar el fuego, tapar la sartén y cocinar durante 10 minutos. Retirarlas y reservar.

A continuación, retirar de la sartén la mitad aproximadamente de grasa, incorporar los ajos picados y freírlos.

Agregar el tomate, el jugo de limón y el perejil, sazonar con sal y pimienta al gusto y cocinar durante unos minutos, revolviendo de vez en cuando con una cuchara de madera. Poner de nuevo las vieiras en la sartén, y cocinar 5 minutos más.

Por último, verter las vieiras con la salsa en sus conchas, y servir.

1. Pasar los trozos de vieiras por la cerveza y por la harina.

2. Calentar el aceite y la mantequilla y freír las vieiras.

3. Retirar la mitad de la grasa de la sartén, y cocinar los ajos.

4. Agregar los ingredientes restantes y cocinar.

— Corvina Río Platense —

Ingredientes para 8 personas:

3 lb de corvina en rebanadas
1/2 lb de harina de trigo
3 cucharadas de aceite
4 cebollas, cortadas en aros
4 tomates pelados y picados
1 pimentón (pimiento) rojo, cortado en tiras
1 pimentón (pimiento) verde, cortado en tiras
2 cucharadas de perejil fresco, picado
Orégano al gusto
Pimienta
Sal

Lavar el pescado, ponerlo en un escurridor y dejar escurrir. A continuación, sazonar la corvina con sal y pimienta, pasarla por la harina y ponerla en una fuente de horno.

Seguidamente, calentar el aceite en una sartén al fuego, agregar las cebollas y cocinar hasta que estén transparentes. Añadir los tomates y los pimentones rojo y verde, y freír hasta obtener una salsa.

Por último, verter el sofrito sobre las rebanadas de pescado, espolvorear la superficie con el perejil y el orégano picados e introducir en el horno, precalentado a 190° C (375° F) durante unos 20 minutos o hasta que el pescado esté en su punto.

1. Lavar el pescado y dejarlo escurrir.

2. Salpimentar la corvina, enharinar y poner en una fuente de horno.

3. Preparar una salsa con las cebollas, los tomates y los pimentones y verter sobre el pescado.

4. Espolvorear la preparación con el perejil picado y el orégano y hornear.

— Besugo al gratín —

Ingredientes para 6 personas:

1 pargo (besugo) de 4 ó 5 lb aproximadamente
4 tazas de pan remojado en leche
1 taza de perejil fresco, picado
2 tazas de queso rallado
3 cucharadas de manteca
El jugo de 1 limón
2 cucharadas de aceite
Pimienta
Sal

Abrir el pargo por la mitad en sentido longitudinal, y retirar la espina central. Lavar bien y secar con un paño de cocina o servilleta de papel.

A continuación, poner en un recipiente el pan remojado en leche, el perejil picado, el queso rallado, la manteca previamente derretida y el jugo de limón, sazonar con sal y pimienta al gusto y revolver hasta obtener una mezcla homogénea.

Seguidamente, extender sobre una fuente de horno la mitad de la mezcla preparada, poner encima el pescado abierto y cubrirlo con la mezcla restante, extendiéndola de manera uniforme.

Por último, rociar la preparación con el aceite e introducir en el horno, precalentado a 205° C (400° F), durante 40 minutos o hasta que el pescado esté en su punto.

1. Abrir el pargo, retirar la espina central y a continuación lavar y secar con una servilleta.

2. Mezclar en un recipiente el pan remojado en leche, el queso, el perejil, el jugo de limón y sal y pimienta.

3. Extender en una fuente de horno una capa de la mezcla, poner sobre ésta el pescado y cubrirlo con la mezcla restante.

4. Rociar la preparación con el aceite, introducir en el horno y cocinar hasta que el pescado esté en su punto.

— Merluza a la colonial —

Ingredientes para 6 personas:

2 1/2 lb de corvina (merluza)
3 tazas de leche
1 cebolla grande
1 ramillete de hierbas aromáticas (orégano, tomillo, albahaca, perejil, etc.)
4 cucharadas de manteca
100 g de pan remojado en leche
1/2 lb de nueces peladas y picadas
Pimienta
Sal

Verter la leche en una olla al fuego, agregar la cebolla, el ramillete de hierbas, la mitad de la manteca y sal y pimienta al gusto y calentar. Agregar la corvina y cocinar 15 ó 20 minutos.

Cuando el pescado esté en su punto, retirarlo de la olla y colocarlo en una fuente de servir. Colar el caldo de cocción y reservar.

Mezclar en un recipiente el pan remojado en leche, las nueces finamente picadas y la manteca restante, agregar el caldo de cocción del pescado colado, poner al fuego y cocinar, revolviendo frecuentemente con una cuchara de madera, hasta obtener una salsa homogénea. Rectificar la sazón, si fuese necesario.

Por último, cubrir el pescado con la salsa preparada y servirlo acompañado, si lo desea, de papas cocidas, espolvoreadas con perejil.

1. Calentar la leche junto con la cebolla, la mitad de la manteca y las hierbas.

2. Cuando la leche esté caliente, agregar el pescado y cocinar, hasta que esté en su punto.

3. Preparar una salsa con el pan, las nueces, la manteca y el caldo de cocción del pescado.

4. Poner la corvina cocida en una fuente de servir y cubrir con la salsa preparada.

Filetes de lenguado con manzanas

Ingredientes para 6 personas:

6 filetes de lenguado
El jugo de 2 limones
Salsa de soja
6 hongos (champiñones), picados
I cucharada de perejil fresco, picado
I cucharada de eneldo, picado
2 cucharaditas de sal gruesa
I cebolla rallada
2 cucharadas de vinagre
6 manzanas
I taza de agua
I taza de vino blanco
Sal y pimienta

Sazonar los filetes de lenguado con sal y pimienta, ponerlos en una fuente, rociarlos con el jugo de limón y unas gotas de salsa de soja y dejar reposar 10 minutos.

Mientras tanto, mezclar en un recipiente los hongos junto con el perejil y el eneldo picados.

Extender los filetes de pescado sobre una superficie lisa, distribuir sobre ellos la mezcla preparada y enrollarlos sobre sí mismos sujetándolos con un palillo de manera que no se salga el relleno.

A continuación, poner los rollitos de pescado en una olla, cubrir con agua, agregar la sal gruesa, la cebolla rallada y el vinagre y cocinar durante 2 minutos. Escurrir los rollitos y reservar.

Seguidamente, retirar el corazón de las manzanas, y vaciarlas ligeramente. Calentar la taza de agua junto con el vino blanco, añadir las manzanas y cocinar unos 20 minutos, teniendo cuidado de que no se deshagan.

Cuando las manzanas estén listas, escurrirlas cuidadosamente, reservando el líquido de cocción e introducir en el hueco practicado anteriormente los rollitos de lenguado.

Por último, colocar las manzanas en una fuente de horno, rociar con un poco del líquido de cocción reservado e introducir en el horno, precalentado a 190° C (325° F) durante aproximadamente unos 10 minutos.

1. Poner el pescado salpimentado en una fuente y rociarlo con el jugo de limón.

2. Extender los filetes de pescado, distribuir sobre ellos la mezcla de perejil, hongos y eneldo y formar rollitos.

3. Retirar el corazón de las manzanas, vaciarlas ligeramente y cocinarlas en agua y vino.

4. Introducir los rollitos de lenguado en las manzanas, poner en una fuente y hornear.

— Pastel de pescado —

Ingredientes para 8 personas:

1 1/2 lb de pescado sin piel ni espinas
6 huevos
La miga de 1 rebanada de pan desmenuzada
Perejil fresco, picado
1 diente de ajo machacado
1/2 taza de leche
2 cucharadas de queso blando, rallado
2 cucharadas de manteca
1 cucharada de pan molido
Nuez moscada, al gusto
Pimienta
Sal

Calentar abundante agua con sal en una olla al fuego, agregar el pescado y cocinar hasta que esté en su punto. Escurrirlo bien y desmenuzarlo sobre un recipiente.

Batir los huevos en un recipiente aparte e incorporarlos al pescado desmenuzado.

A continuación, añadir al pescado la miga de pan, el perejil, el diente de ajo, la leche y el queso, sazonar con sal, pimienta y nuez moscada al gusto, y revolver bien con una cuchara de madera, hasta obtener una mezcla homogénea.

Por último, untar un molde con la manteca, y espolvorear con el pan molido. Verter en él la mezcla, nivelar la superficie y cocinar al baño María, en el horno precalentado a 190° C (375° F), durante unos 45 minutos.

1. Cocinar el pescado en agua salada, escurrir y desmenuzar.

2. Batir los huevos en un recipiente aparte y mezclar con el pescado.

3. Añadir al preparado anterior todos los ingredientes restantes y mezclar bien.

4. Untar un molde con la manteca, espolvorear con el pan molido, verter en él la mezcla y cocinar al baño María.

— Pavita rellena —

Ingredientes para 10 personas:

1 pavita de 8 ó 9 lb
1 cucharada de manteca
1 cebolla picada
2 hojas de laurel
Una ramita de perejil fresco
Una ramita de orégano
2 1/2 lb de salchichas frescas
1/2 lb de pan remojado en leche, exprimido y picado
2 cucharadas de aceitunas picadas
2 huevos duros picados
2 membrillos pelados y picados
3 huevos
1 taza de caldo
2 cucharadas de aceite
Sal y pimienta

Limpiar bien la pavita reservando los menudos, lavarla y secarla con un paño. Sazonar por dentro y por fuera con sal y pimienta y reservar.

A continuación, calentar la manteca en una sartén al fuego y freír la cebolla hasta que esté transparente. Añadir el hígado y corazón reservados, previamente picados, sofreír ligeramente y agregar el laurel, el perejil y el orégano. Incorporar todos los ingredientes restantes, excepto el aceite y el caldo, y sofreír revolviendo durante unos minutos. Desechar el laurel, el perejil y el orégano y retirar del fuego.

Seguidamente, rellenar la pavita con el preparado anterior. Coser la abertura para que no se salga el relleno y atar las patas para que no se abra.

Por último, colocarla en una fuente de horno. Rociarla con el aceite y el caldo e introducir en el horno precalentado a 180° C (350° F) unas 3 horas, rociándola de vez en cuando con su jugo, hasta que al pincharla, el jugo salga blanco. Servir con verduras al gusto y con su jugo en salsera aparte.

1. Lavar bien la pavita por dentro y por fuera. Secarla con un paño y sazonar.

2. Calentar la manteca, sofreír la cebolla, añadir todos los ingredientes restantes y cocinar.

3. Rellenar la pavita con el preparado, coser la abertura y atar las patas para que no se abra.

4. Ponerla en una fuente de horno, rociar con el aceite y el caldo y hornear durante 3 horas.

— Pato relleno de arroz —

Ingredientes para 6 personas:

1 pato de 4 ó 5 lb
El jugo de 1 limón
Unas hojitas de romero y estragón
3 cucharadas de mantequilla
150 g de tocineta (panceta) ahumada
1 cebolla picada
100 g de arroz
1 taza de caldo de gallina
1 taza de queso rallado
1 huevo
Pimienta
Sal

Limpiar y lavar el pato, y ponerlo a adobar durante unas horas con el jugo de limón, el romero y el estragón.

A continuación, retirar del adobo, sazonar con sal y pimienta y colocarlo en una fuente de horno. Untarlo con 2 cu-charadas de mantequilla, rociarlo con el jugo de limón so-brante del adobo e introducir en el horno, precalentado a 180° C (350° F), durante 1 hora o hasta que esté cocinado. Mientras tanto, picar la tocineta y freírla en la mantequilla restante junto con la cebolla, hasta que ambas estén dora-das. Agregar el arroz, sofreír revolviendo e incorporar el caldo hirviendo. Sazonar con sal y pimienta y cocinar hasta que el arroz esté tierno y seco.

A continuación, retirar del fuego y añadir la mitad del queso y el huevo, y mezclar bien.

Cuando el pato esté cocinado, retirar del horno y cortar la pechuga del pato. Quitar el hueso y filetear la pechuga.

Seguidamente, llenar el hueco del pato con el arroz ante-riormente preparado.

Por último, poner la pechuga fileteada sobre el arroz. Mez-clar la mantequilla restante con el queso, poner sobre la pe-chuga y hornear de nuevo durante unos minutos para que esté bien caliente. Servir decorado con puré de papas.

1. Adobar el pato con estragón, romero y jugo de limón.

2. Sazonar con sal y pimienta, untar con mantequilla, y hornear.

3. Freír la cebolla, sofreír el arroz, añadir el caldo y cocinar.

4. Retirar la pechuga y llenar el pato con el arroz preparado.

— Pollo con salsa criolla —

Ingredientes para 4 personas:

1 pollo de 3 lb, aproximadamente
4 cucharadas de aceite
1 cucharada de manteca
1 cebolla pequeña, picada
4 tomates, pelados y picados
6 choclos desgranados y cocinados
Sal y pimienta

Cortar el pollo en presas, sazonarlo con sal y pimienta, y rociarlo con el jugo de limón.

A continuación, calentar el aceite en una sartén grande y freír el pollo a fuego fuerte para que se dore. Bajar el fuego y cocinar lentamente hasta que esté tierno.

Mientras tanto, derretir la manteca en una olla y freír la cebolla hasta que esté transparente. Añadir los tomates y los granos de choclo, sazonar con sal y pimienta y cocinar a fuego bajo durante 40 ó 45 minutos.

Por último, servir las presas de pollo con la salsa preparada, por encima.

1. Cortar el pollo, lavarlo, salarlo y rociarlo con el jugo de limón.

2. Dorarlo a fuego fuerte y después cocinar a fuego bajo.

3. Freír la cebolla en la manteca hasta que esté transparente.

4. Agregar los tomates y el choclo y cocinar 40 ó 45 minutos.

— Cazuela de gallina —

Ingredientes para 6 personas:

1 gallina de 3 lb aproximadamente

5 cucharadas de aceite

El jugo de 1 limón

1 cucharadita de tomillo en polvo

100 g de salchichas cortadas en ruedas gruesas

1 cebolla cortada en aros gruesos

1 zanahoria mediana, cortada en cubitos

1 tomate picado

2 cucharadas de salsa de tomate

2 tazas de caldo

1 ramita de tomillo

1 hoja de laurel

1 taza de arvejas de lata

Sal y pimienta

Papas fritas cortadas gruesas, para acompañar

Cortar la gallina en presas, lavarlas y poner en un recipiente. Preparar un adobo con 3 cucharadas de aceite, el jugo de limón, el tomillo en polvo y sal y pimienta al gusto, rociarlo sobre las presas de gallina y dejar en el adobo durante 15 minutos.

Mientras tanto, calentar el aceite restante en una olla al fuego y dorar las salchichas.

Seguidamente, agregar la cebolla y la zanahoria y cocinar hasta que se doren. Añadir el tomate y la salsa de tomate, revolver todo bien con una cuchara de madera e incorporar el caldo, el tomillo y el laurel. Cocinar a fuego bajo durante 15 minutos.

A continuación, agregar la gallina y cocinar a fuego bajo hasta que esté tierna. Cuando la gallina esté casi cocinada, añadir las arvejas y terminar la cocción. Servir con papas fritas o al gusto.

1. Adobar la gallina con aceite, limón, tomillo, sal y pimienta.

2. Dorar las salchichas, añadir la cebolla y la zanahoria y freírlas.

3. Agregar el tomate, revolver, incorporar el caldo, el tomillo y el laurel, y cocinar.

4. Añadir la gallina, cocinar hasta que esté tierna y poco antes, agregar las arvejas.

Escabeche de perdices

Ingredientes para 4 personas:

4 perdices pequeñas bien limpias y sazonadas
2 cebollas grandes en rodajas gruesas
2 tomates en rodajas
2 cebollas grandes cortadas en juliana
2 puerros grandes, cortados en juliana
2 pimentones rojos (pimientos morrones), cortados en trozos
4 dientes de ajo machacados
1 cucharada de color (pimentón)
2 hojas de laurel
1/2 cucharadita de comino
1/2 taza de aceite
3/4 taza de vinagre de vino
Sal y pimienta blanca en grano

Poner en el fondo de una olla al fuego, las cebollas cortadas en rodajas y los tomates. Colocar encima las perdices y cubrirlas con las cebollas cortadas en juliana, los puerros y los pimentones troceados. Añadir los ajos, el color, el laurel, el comino, sal y pimienta. Rociar con el aceite y el vinagre y añadir agua hasta que las perdices queden cubiertas.

A continuación, tapar la olla y cocinar a fuego bajo, durante 1 hora o hasta que las perdices estén tiernas.

Por último, retirar del fuego, enfriar y dejar reposar durante 24 horas, en un lugar fresco.

1. Poner en el fondo de una olla al fuego las rodajas de cebolla y las de tomate.

2. Colocar las perdices y añadir las cebollas restantes, los puerros y los pimentones.

3. Incorporar los ajos, el color, el comino, el laurel y sal y pimienta.

4. Rociar con el aceite y el vinagre, cubrir con agua o cocinar.

— Parrillada —

Ingredientes para 8 personas:

1 bistec de lomo (bife) de 350 g aproximadamente

1 Tbone steak o chata de 1 lb aproximadamente

1 churrasco de 300 g aproximadamente y las carnes que se deseen, tales como: sobrebarriga (matambre), vacío, ubre, mollejas, falda (tira), etc.

2 criadillas

1 riñón de res

3 dientes de ajo

Perejil

Vinagre

3 chorizos criollos o rojos

3 morcillas

1 lb de chinchullas (chinchulines)

Sal gorda (parrillera)

Lavar bien las carnes, secarlas y tenerlas preparadas para cuando esté listo el fuego.

Quitar la piel que recubre las criadillas y cortarlas longitudinalmente.

A continuación, lavar bien los riñones quitándoles la telita que los recubre, cortarlos en 3 ó 4 trozos y ponerlos en un recipiente de loza o cristal.

Cubrirlos con una mezcla hecha con los ajos, perejil, vinagre y sal y dejarlos adobar 15 minutos.

Seguidamente poner los chorizos en agua un rato y mientras tanto, cortar las morcillas por la mitad. Después, secar los chorizos y cortarlos si se desea, por la mitad, en sentido longitudinal.

Lavar bien las chinchullas y ponerlas en remojo en agua con sal gorda durante 15 minutos. Escurrirlas y secar bien antes de cocinar.

Una vez listo el fuego y la parrilla caliente, cocinar los diferentes ingredientes dependiendo del grosor de la pieza y si es más o menos tierna, salando al principio o al final, dependiendo del gusto del asador, y dándoles una sola vuelta.

1. Lavar bien las carnes y secarlas.

2. Quitar la piel a las criadillas y cortarlas.

3. Cubrir los riñones con el adobo.

4. Cortar las morcillas y los chorizos.

5. Poner las chinchullas en remojo, en agua con sal.

— Riñoncitos de cordero Trelew —

Ingredientes para 4 personas:

12 riñoncitos de cordero, sin grasa
El jugo de 1 mandarina
El jugo de 1 limón
2 cucharadas de manteca
2 cebollas largas (de verdeo) picadas
50 g de nueces picadas
1 cucharada de perejil fresco, picado
8 rebanadas de pan, tostadas
Sal y pimienta

Lavar cuidadosamente los riñones, desechando la telita, secarlos con un paño de cocina y cortarlos por la mitad, con ayuda de un cuchillo afilado, en sentido longitudinal.

Seguidamente, colocarlos en un recipiente de loza o cristal, sazonarlos con sal y pimienta y rociarlos con los jugos de mandarina y limón. Dejar reposar durante 1 hora.

A continuación, calentar la manteca en una sartén al fuego y dorar las cebollas finamente picadas. Añadir los riñones y cocinar a fuego fuerte hasta que pierdan el exceso de líquido, unos 5 minutos.

Por último, agregar las nueces y el perejil, revolver todo bien y servir sobre rebanadas de pan tostado y decorados al gusto.

1. Lavar bien los riñones, secarlos y cortarlos por la mitad en sentido longitudinal.

2. Sazonarlos con sal y pimienta y rociar con los jugos de mandarina y limón.

3. Freír las cebollas finamente picadas, añadir los riñones y cocinar a fuego vivo.

4. Agregar las nueces picadas y el perejil, revolver y servir sobre tostadas.

— Paté de liebre —

Ingredientes para 6 personas:

1 liebre grande, deshuesada
1 lb de tocineta (tocino)
8 filetes de anchoa picados
1 cebolla larga (de verdeo) picada
1 cucharadita de color (pimentón)
2 cucharadas de vinagre
1 cucharada de manteca
150 g de hongos o de champiñones
Sal

Picar finamente la liebre, excepto los muslos, junto con la tocineta.

Agregar a la mezcla de liebre y tocineta, las anchoas picadas, la cebolla, el color y el vinagre. Salar al gusto y revolver bien, con una cuchara de madera, hasta que quede bien homogénea.

A continuación, engrasar un molde con la manteca y poner la mitad de la pasta preparada. Cubrir con los muslos de la liebre reservados, previamente cortados en filetes finos, y éstos, con los hongos cortados en láminas.

Seguidamente, terminar de llenar el molde con la pasta sobrante, aplanar la superficie, tapar y cocinar al baño María durante 2 horas.

Por último, dejar enfriar el paté y servir acompañado de tostadas y ensalada.

1. Picar finamente la liebre y la tocineta, y mezclar.

2. Añadir las anchoas, la cebolla, el color y el vinagre, y mezclar.

3. Poner la mitad de la pasta en un molde engrasado. Cubrir con los muslos y los champiñones fileteados.

4. Terminar de llenar el molde con la pasta restante, tapar y cocinar al baño María.

— Bifes a la criolla —

Ingredientes para 6 personas:

12 filetes (bifes) de carne magra, finos
2 dientes de ajo picados
3 ramitas de perejil fresco, picado
Unas gotas de jugo de limón
1/2 taza de aceite
2 cebollas cortadas en aros
2 pimentones rojos (pimientos morrones), cortados en tiras
1 cucharadita de perejil fresco picado
1 hoja de laurel
2 tomates grandes, cortados en gajos finos
1/2 taza de caldo
Sal y pimienta

Colocar los filetes en un recipiente. Cubrirlos con los ajos y el perejil picados, sazonar con sal y pimienta, rociar con unas gotas de jugo de limón y macerar 15 minutos.

A continuación, calentar el aceite y freír ligeramente las cebollas. Colocar sobre ellas los filetes y sobre éstos, poner los pimentones, el perejil, el laurel y los tomates. Rociar con el caldo, tapar y cocinar a fuego muy bajo, hasta que los filetes estén tiernos. Servir con su propia salsa.

1. Adobar los filetes con ajo, perejil, sal, pimienta y limón.

2. Calentar el aceite y rehogar la cebolla durante unos minutos.

3. Poner los filetes y añadir los ingredientes restantes.

4. Tapar la olla y cocinar hasta que la carne esté tierna.

— Estofado criollo —

Ingredientes para 4 personas:

1/2 taza de aceite
1 1/2 lb de carne de res, cortada en cubos
1 zanahoria cortada en cubitos
1 nabo cortado en cubitos
2 dientes de ajo
1 hoja de laurel
1 tomate picado
1 cebolla picada
1/2 vaso de vino blanco
1/2 taza de caldo de carne
1/2 lb de orejones remojados y picados
1 cucharada de azúcar
1 cucharada de perejil fresco picado
Pimienta
Sal

2. Añadir la zanahoria y el nabo y rehogar unos minutos.

Poner una olla al fuego con el aceite, dejar que éste se caliente, agregar la carne cortada en cubos y freírla, dándole vueltas, de manera que se dore por todos los lados.

Seguidamente, agregar la zanahoria, el nabo y los ajos y freír a fuego fuerte, revolviendo de vez en cuando con una cuchara de madera.

Añadir la hoja de laurel, el tomate y la cebolla, picados, sazonar con sal y pimienta al gusto y cocinar todo junto unos minutos.

A continuación incorporar el vino, el caldo, los orejones y el azúcar. Revolver todo bien, tapar la olla y cocinar a fuego bajo hasta que todo esté en su punto.

Por último, servir acompañado, si lo desea, de papas fritas y salpicado con el perejil.

3. Agregar el laurel, la cebolla, el tomate y salpimentar.

1. Calentar el aceite y dorar la carne por todos los lados.

4. Incorporar el vino, el caldo, los orejones y el azúcar, y cocinar.

— Milanesas caseras —

Ingredientes para 4 personas:

8 filetes (bifes) tiernos de res
2 cucharadas de aceite
I taza de harina de trigo
3 huevos batidos
Orégano en polvo
I taza de pan molido (rallado)
Aceite para freír
Sal y pimienta
Unas rodajas de limón, para acompañar

Aplastar los filetes sobre una tabla, sazonarlos con sal y pimienta, rociarlos con el aceite y dejar repósar unos 15 minutos.

A continuación, pasar los filetes por la harina, después por los huevos, previamente batidos y sazonados con el orégano, sal y pimienta, y finalmente por el pan molido.

Seguidamente, calentar aceite en una sartén y freír los filetes hasta que estén dorados por ambos lados.

Servir con las rodajas de limón y acompañados con papas, ensalada, o al gusto.

1. Aplanar los filetes, sazonar con sal y pimienta al gusto y rociar con el aceite.

2. Una vez que hayan reposado los filetes unos 15 minutos, pasarlos por la harina.

3. A continuación por los huevos batidos y sazonados y después por el pan molido.

4. Finalmente freírlos en abundante aceite caliente hasta que estén dorados.

— Chivito adobado a la cacerola —

Ingredientes para 6 personas:

4 lb de chivito cortado en trozos	
1 cebolla en aros	
2 dientes de ajo picados	
3 hojas de laurel (1 de ellas picada muy fina)	
1 cucharada de orégano seco, picado	
1 cucharadita de tomillo seco, picado	
1 ramita de tomillo	
2 cucharadas de aceite	

100 g de manteca
1/2 taza de agua
1 vaso de vino blanco seco
Pimienta
Sal

Lavar bien la carne y secarla con un paño de cocina.

Ponerla en un recipiente, sazonarla con sal y pimienta al gusto y cubrirla con la cebolla, los ajos, el laurel, el orégano y el tomillo. Rociar con el aceite, tapar el recipiente y dejarla reposar durante 1 hora.

A continuación, en una sartén grande al fuego, calentar la manteca, y freír la carne con la cebolla, hasta que esté bien dorada.

Seguidamente, pasarla a una olla, añadir el agua y el vino, tapar y cocinar a fuego bajo durante 1 hora o hasta que la carne esté tierna.

Servir bien caliente acompañado de puré de papas, o al gusto.

1. Cubrir la carne con cebolla, ajo, orégano, laurel y tomillo.

2. Rociar con el aceite y dejar adobar durante 1 hora.

3. Calentar la manteca y dorar la carne con cebolla.

4. Poner en una olla, añadir el agua y el vino y terminar de cocinar.

— Lengua estofada —

Ingredientes para 6 personas:

1 lengua de res de 3 ó 4 lb aproximadamente
2 1/2 lb de papas
1 cebolla cortada en aros
1/2 taza de aceite
2 tazas de tomates picados
1 cebolla finamente picada
1 pimentón rojo (pimiento morrón) picado
1 hoja de laurel
1 cucharadita de color (pimentón dulce)
1 taza de arvejas de lata
1 taza de caldo
Sal y pimienta

Cocinar la lengua en agua con sal hasta que esté tierna, pelarla y cortarla en rebanadas gruesas. Colocarlas en un recipiente de barro o refractario.

Pelar las papas, cortarlas en rebanadas de 1/2 centímetro y ponerlas sobre la lengua. Cubrir las papas con la cebolla en aros, y reservar.

A continuación, calentar el aceite en una sartén al fuego y hacer un sofrito con los tomates, la cebolla, el pimentón, el laurel y el color. Salpimentar y cocinar durante 5 minutos.

Seguidamente, verter el sofrito sobre la cebolla, salpicar la superficie con las arvejas, añadir la taza de caldo, salar e introducir en el horno, precalentado a 165° C (325° F) durante 1 hora o hasta que las papas estén tiernas.

1. Cocinar la lengua, pelarla y cortarla en rebanadas gruesas.

2. Poner las rebanadas en el fondo de un recipiente de barro o refractario.

3. Cubrir con las papas en rebanadas y la cebolla en aros.

4. Preparar un sofrito y añadirlo a la cazuela de barro.

5. Agregar las arvejas y el caldo y hornear durante 1 hora.

— Estofado con frutas —

Ingredientes para 8 personas:

1 1/2 lb de carne magra de res (bola de lomo o cuadril) cortada en trozos
4 cucharadas de aceite
1 cebolla picada
1 diente de ajo picado
2 hojas de laurel
1 cebolla larga (de verdeo), finamente picada
1 cucharadita de azúcar
2 tomates picados
1/2 cucharadita de ají picante molido
1 vaso de vino
300 g de yuca
300 g de batata
300 g de duraznos
Pimienta
Sal

Calentar el aceite en una olla al fuego, añadir la carne y dorarla, revolviendo. Una vez bien dorada, agregar la cebolla y cocinar hasta que esté dorada. Incorporar el ajo, el laurel, la cebolla larga, el azúcar, los tomates, el ají, el vino y un poquito de agua.

A continuación, sazonar con sal y pimienta, revolver, tapar la olla y cocinar durante 1 hora.

Mientras tanto, pelar y cortar, en cubitos regulares la yuca, la batata y los duraznos.

Por último, incorporar a la olla, añadir un poco de agua si fuera necesario y cocinar todo junto hasta que esté en su punto.

1. Dorar la carne en una olla con el aceite caliente, añadir la cebolla picada y dorarla.

2. Agregar todos los ingredientes restantes excepto la yuca, la batata y los duraznos.

3. Sazonar con sal y pimienta, tapar la olla y cocinar a fuego bajo durante 1 hora.

4. Incorporar la yuca, la batata y los duraznos, y cocinar hasta que todo esté en su punto.

— Matambre relleno —

Ingredientes para 8-10 personas:

1 sobrebarriga de ternera (matambre)
1 taza de agua
2 dientes de ajo picados
1 hoja de laurel
1 ramita de orégano
1/2 cucharada de apio picado
1 cucharadita de ají picante, picado
Sal

Para el relleno:

2 huevos crudos
2 huevos duros picados
1/2 taza de miga de pan remojada en leche
2 dientes de ajo picados
3 pepinillos en vinagre, picados
1/2 cucharada de ají picante, molido
2 cucharadas de cebolla picada
1 cucharada de manteca
1 puerro cortado en trozos
1 zanahoria cortada en trozos
1 cebolla cortada en trozos
1 ramita de apio cortado en trozos
Sal

Poner en una olla pequeña el agua junto con los ajos, el laurel, el orégano, el apio, el ají y un poco de sal y cocinar durante 3 ó 4 minutos. Retirar del fuego y dejar enfriar.

Extender la sobrebarriga y salpicarla con el adobo preparado. Enrollar y dejar reposar durante 6 horas.

Verter en un recipiente los huevos crudos y los duros, la miga de pan, el ajo, los pepinillos y el ají. Dorar la cebolla en la manteca y añadirla al recipiente, salar y mezclar bien. Cuando la carne haya reposado, desenrollarla y extender el preparado anterior sobre ella. Enrollarla de nuevo y envolverla en una servilleta o gasa y atarla para que no pierda la forma.

Poner el rollo en una olla grande, junto con el puerro, la zanahoria, la cebolla, el apio, sal y agua que lo cubra, y cocinar durante 2 horas.

Por último, dejar enfriar y servir cortado en rebanadas y acompañado, si lo desea, con ensalada.

1. Preparar un adobo con el agua, ajo, laurel, orégano, apio, ají y sal.

2. Verterlo sobre la sobrebarriga, enrollarla y dejar reposar 6 horas.

3. Mezclar los huevos, crudos y duros, el pan, el ajo, el ají, y la cebolla cocinada.

4. Extender la mezcla sobre la carne y enrollarla de nuevo.

5. Envolverla en una servilleta, atarla y cocinar con las verduras.

— Charquicán —

Ingredientes para 4 personas:

2 lb de carne de res cortada en cubitos

2 cucharadas de mantequilla

1 cebolla finamente picada

4 tomates, pelados y picados

1 pimentón (pimiento) rojo, en tiras

1 pimentón (pimiento) verde, en tiras

Comino, mejorana y pimienta de cayena, al gusto

Sal y pimienta

Encurtidos para acompañar

Poner la carne en una lata de horno, sin sal, e introducir en el horno, precalentado a 205° C (400° F), hasta que se seque. Retirarla del horno y dejar enfriar.

Mientras tanto, calentar la mantequilla en una sartén al fuego y freír la cebolla hasta que empiece a dorarse. Añadir los tomates y cocinar 15 minutos. Seguidamente, incorporar la carne, sazonar con las especias y sal al gusto, y cocinar todo junto 20 minutos más.

Por último, añadir los pimentones, saltear durante 5 minutos, revolviendo y servir acompañado con encurtidos.

1. Hornear la carne hasta que se seque y dejar enfriar.

2. Calentar la mantequilla en una sartén y freír hasta que se dore.

3. Agregar los tomates y cocinar durante 15 minutos.

4. Incorporar la carne, y las especias y cocinar durante 20 minutos.

— Cima rellena —

Ingredientes para 6 personas:

2 lb de pecho de res en una pieza
8 cucharadas de queso rallado
1/2 lb de arvejas cocinadas o de lata
1 lb de acelgas picadas
3 huevos duros
Tomillo al gusto
Pimienta
Sal

Para la salsa porteña:

1/2 taza de aceite
1 diente de ajo picado
1 hoja de laurel
1 cucharadita de harina

1 taza de caldo de carne
1/2 lb de jamón picado
Nuez moscada al gusto
Pimienta
Sal

Mezclar en un recipiente todos los ingredientes, excepto la carne.

A continuación, hacer un corte en la carne, formando una especie de bolsa. Sazonar con sal, pimienta y tomillo al gusto, por dentro y por fuera, y rellenarla con el preparado anterior. Coser la abertura para que no se salga el relleno y cocinar, en agua con sal o caldo de carne, durante 1 hora, aproximadamente, hasta que la carne esté tierna.

Mientras tanto, preparar la salsa. Calentar el aceite en una sartén al fuego y freír el ajo. Agregar la harina, rehogar ligeramente, añadir el caldo, sazonar con nuez moscada, sal y pimienta, y cocinar, revolviendo, durante 10 minutos aproximadamente. Al final de la cocción, añadir el jamón.

Por último, retirar la carne del fuego, cortarla en rebanadas gruesas y servir con la salsa preparada, decorándola al gusto.

1. Poner todos los ingredientes en un recipiente, y mezclar bien.

2. Hacer un corte en la pieza de carne, formando una bolsa.

3. Rellenar la carne con el preparado anterior y coser la abertura.

4. Cocinarla hasta que esté tierna, y cortarla en rebanadas gruesas.

Pernil de cordero con arroz

Ingredientes para 4 personas:

I pernil de cordero de 2 I/2 lb, deshuesado
3 cucharadas de aceite
I cucharada de manteca
I cebolla grande picada
I diente de ajo picado
I nabo cortado en dados grandes
I zanahoria cortada en dados grandes
3 tazas de caldo
I taza de arroz
2 cucharaditas de menta fresca picada
I cucharadita de salvia
Sal y pimienta

Atar fuertemente el pernil de cordero deshuesado con un poco de cuerda, para que no pierda la forma y sazonarlo con sal y pimienta.

A continuación, calentar el aceite junto con la manteca en una olla grande y dorar la carne a fuego fuerte, dándole varias vueltas. Añadir la cebolla, el ajo, el nabo, la zanahoria y I taza de caldo. Tapar el recipiente y cocinar durante aproximadamente I I/2 horas.

Seguidamente, agregar el caldo restante hirviendo, el arroz y las hierbas aromáticas. Rectificar la sazón y cocinar hasta que el arroz esté en su punto.

Por último, cortar la carne en rebanadas gruesas y servir con el arroz y las verduras.

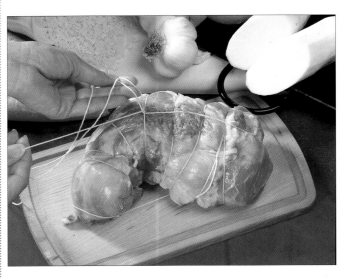

1. Atar bien el pernil de cordero deshuesado y sazonarlo con sal y pimienta.

2. Poner una olla al fuego con el aceite y la manteca, y freír el pernil hasta que esté dorado.

3. Añadir las verduras y I taza de caldo y cocinar hasta que esté tierno.

4. Incorporar el caldo, el arroz y las hierbas aromáticas, y cocinar hasta que el arroz esté en su punto.

— Cazuela de conejo y hongos —

Ingredientes para 4 personas:

1 conejo de 3 1/2 lb aproximadamente, cortado en presas

8 cucharadas de aceite

1 cucharada de tomillo molido

2 tajadas (lonjas) de tocineta (panceta) ahumada, en tiritas

4 cebollas medianas, cortadas en trozos grandes

1 taza de hongos secos, picados y remojados en agua hirviendo

2 hojas de laurel

1/2 taza de caldo

1 cucharada de fécula de maíz

1 copa de vino blanco

Pimienta

Sal

Colocar las presas de conejo en un recipiente de loza o cristal y adobarlo con 3 cucharadas de aceite mezclado con sal y el tomillo. Dejar reposar durante 1 hora.

A continuación, calentar el aceite restante en una sartén y freír la tocineta. Añadir la cebolla y freír hasta que esté doradita. Retirar todo con una espumadera y reservar.

Seguidamente, en la misma grasa que ha quedado en la sartén, dorar el conejo. Retirarlo y reservar.

Escurrir bien los hongos y freírlos en la misma sartén hasta que pierdan el exceso de líquido.

Finalmente, incorporar de nuevo a la sartén el conejo, la cebolla y la tocineta, y añadir el laurel, el caldo, y la fécula de maíz disuelta en el vino. Salar, tapar y cocinar a fuego bajo durante 30 minutos o hasta que la carne esté tierna. Si fuera necesario, añadir un poco más de caldo o agua.

1. Adobar el conejo cortado en presas con aceite, sal y tomillo, durante 1 hora.

2. Freír la tocineta, añadir la cebolla y freírla hasta que esté dorada y reservar.

3. En la misma grasa, dorar el conejo. Reservar y freír los hongos hasta que pierdan parte del líquido.

4. Incorporar todos los ingredientes a la sartén y cocinar hasta que la carne esté en su punto.

— Alfajores —

Ingredientes para 6 personas:

1 clara de huevo
400 g de fécula de maíz
100 g de harina de trigo
1 cucharadita de polvo de hornear
6 yemas de huevo
1 cucharadita de vainillina
100 g de manteca
1 copita de aguardiente
350 g de dulce de leche
100 g de coco rallado
250 g de azúcar pulverizada (impalpable)

Poner en un recipiente la fécula de maíz, la harina y el polvo de hornear. Batir las yemas y la clara hasta que estén espumosas y agregarlas a las harinas, junto con la vainillina, la manteca y el aguardiente. Trabajar con las manos hasta obtener una masa firme y elástica. Extenderla y cortar discos del tamaño que desee. Colocar los discos en latas de horno engrasadas y enharinadas, .e introducir en el horno, precalentado a 180° C (350° F) durante 25 minutos. Despegarlos de las latas y dejar enfriar.

Por último, untar los discos con dulce de leche y unirlos de 2 en 2. Pasarlos por el coco rallado, haciéndolos rodar y finalmente, espolvorearlos con el azúcar pulverizada.

1. Mezclar la fécula, la harina y el polvo de hornear, e incorporar los huevos batidos.

2. Añadir la vainillina, el aguardiente y la manteca, y trabajar la masa.

3. Extender con un rodillo, cortar discos, colocar en latas de horno y hornear.

4. Untar con el dulce de leche y unir de 2 en 2.

5. Pasarlos por el coco y espolvorear con azúcar pulverizada.

— Pan de miel —

Ingredientes para 6 personas:

50 g de harina de trigo
50 g de fécula de maíz
4 cucharadas de azúcar pulverizada (impalpable)
2 cucharaditas de polvo de hornear
3 huevos, separadas las claras de las yemas
25 g de mantequilla
4 cucharadas de miel
100 g de nueces picadas

Tamizar la harina junto con la fécula de maíz, el azúcar y el polvo de hornear.

A continuación, batir las yemas con la mantequilla hasta que estén cremosas, añadir la miel, las nueces y la harina preparada y trabajar hasta que la mezcla esté homogénea.

Seguidamente, batir las claras a punto de nieve e incorporarlas al preparado anterior.

Engrasar y enharinar un molde rectangular, verter en él la mezcla e introducir en el horno, precalentado a 165° C (325° F) durante 45 minutos o hasta que esté cuajado.

1. Tamizar la harina junto con la fécula de maíz, el azúcar y el polvo de hornear.

2. Batir las yemas junto con la mantequilla hasta que estén espumosas.

3. Añadir la miel y las nueces, e incorporar la mezcla de harina.

4. Batir las claras a punto de nieve firme y agregarlas al preparado anterior.

5. Engrasar y enharina un molde rectangular, verter en él la mezcla y hornear.

— Crema de chirimoya —

Ingredientes para 4-5 personas:

2 chirimoyas
2 tazas de leche
1 taza de azúcar
1 astilla de vainilla
5 yemas de huevo
6 hojas de gelatina

Cortar las chirimoyas por la mitad, extraer la pulpa y triturarla, hasta formar un puré, retirando las semillas.

A continuación, poner la leche en un recipiente al fuego. Añadir el azúcar y la vainilla y calentar bien.

Seguidamente, agregar las yemas y cocinar, sin dejar de revolver, hasta que se forme una mezcla cremosa.

Apartar del fuego, retirar la vainilla y añadir el puré de chirimoya, mezclando todo bien.

Por último, disolver la gelatina en un poquito de agua caliente, agregarla al preparado revolviendo bien y verter en un molde. Introducir en el refrigerador durante 24 horas, para que esté bien cuajado.

3. Agregar las yemas y cocinar, revolviendo, hasta que espese.

1. Cortar las chirimoyas por la mitad, retirar la pulpa y hacerla puré.

4. Incorporar el puré de chirimoya y la gelatina disuelta, revolviendo.

2. Calentar la leche con el azúcar y la vainilla.

5. Verter todo en un recipiente y refrigerar durante 24 horas.

— Bollitos tucumanos —

Ingredientes para 6 personas:

400 g de harina de trigo
1/2 cucharadita de sal
200 g de azúcar pulverizada (impalpable)
1 cucharada de polvo de hornear
4 yemas de huevo
7 cucharadas de leche
150 g de mantequilla
1 cucharadita de semillas de anís

Tamizar sobre una superficie de trabajo la harina junto con la sal, el azúcar y el polvo de hornear. Darle forma de volcán y poner en el hueco central las yemas. Añadir la leche, la mantequilla y las semillas de anís y mezclar todo bien, trabajando hasta formar una masa homogénea. Poner en un recipiente, tapar y dejar reposar durante 15 minutos. Formar bolitas de masa y colocarlas en un lata de horno, engrasada. Introducir en el horno precalentado a 165° C (325° F) durante 30 minutos. Dejar enfriar, antes de servir.

1. Tamizar la harina junto con el azúcar y el polvo de hornear y añadir las yemas.

2. Incorporar los ingredientes restantes y trabajar hasta que la masa esté homogénea.

3. Ponerla en un recipiente. Tapar y dejar reposar durante unos 15 minutos.

4. Formar bolitas, ponerlas en una lata de horno y hornear durante 30 minutos.

— Ensalada de mamón —

Ingredientes para 6 personas:

2 papayas (mamones) maduras
2 manzanas
200 g de uvas negras
100 g de azúcar
1/2 copa de ron
El jugo de 1 naranja

Abrir las papayas, con ayuda de un cuchillo bien afilado, por la mitad, en sentido longitudinal, extraer las semillas y pelarlas. Cortarlas en tiras, éstas en cubos y poner en una ensaladera.

A continuación, pelar y cortar las manzanas en cubos, de tamaño similar a los de las papayas y ponerlas en la ensaladera. Lavar las uvas e incorporarlas a la ensaladera.

Seguidamente, espolvorear las frutas con el azúcar, rociar con el ron y el jugo de naranja, mezclar todo bien y dejar reposar en el refrigerador durante 1 hora.

Por último, antes de servir, revolver bien y servir en la ensaladera o en recipientes individuales.

1. Cortar longitudinalmente las papayas y retirar las semillas.

2. Pelarlas, cortarlas en tiras y éstas en cubos.

3. Pelar y cortar las manzanas en cubos, y mezclar con las papayas.

4. Añadir el azúcar y el ron, revolver bien y dejar reposar 1 hora.

— Ambrosía —

Ingredientes para 6 personas:

3/4 de taza de agua
1 taza de azúcar
2 claras de huevo
6 yemas de huevo
2 tazas de leche
La ralladura de medio limón

Poner en un recipiente, el agua y el azúcar, y cocinar hasta formar un almíbar a punto de hilo fuerte.

Poner las claras y las yemas en una olla de fondo grueso y batir ligeramente. Agregar la leche y cocinar a fuego muy bajo, sin dejar de revolver.

Seguidamente, incorporar la ralladura de limón y el almíbar, siempre sin dejar de batir, hasta que espese.

Por último, apartar del fuego, poner la olla dentro de un recipiente con agua fría, y batir para que se enfríe y no se cuajen los huevos. Servir bien fría.

1. Mezclar el agua con el azúcar y cocinar hasta formar un almíbar.

2. Batir las claras junto con las yemas e incorporar la leche.

3. Añadir la ralladura de limón y el almíbar, anteriormente preparado, y cocinar hasta que espese.

4. Poner la olla en un recipiente con agua fría y revolver hasta que se enfríe.

— Dulce de membrillos —

Ingredientes para 4 personas:

2 membrillos grandes o 3 medianos
El jugo de 1/2 limón
2 tazas de agua
2 tazas de azúcar
1 astilla de canela

Pelar los membrillos, retirando el corazón y las semillas y cortar en gajos delgados.

A continuación, ponerlos en una olla con el jugo de limón, cubrirlos con agua y cocinar durante aproximadamente unos 10 minutos. Colar y poner de nuevo los gajos de membrillo en la olla.

Seguidamente, agregar el agua, el azúcar y la canela y cocinar a fuego bajo hasta que el almíbar espese y tome un color dorado. Retirar del fuego y dejar enfriar.

Al día siguiente, poner de nuevo al fuego, cocinar durante 15 minutos y servir o envasar en frascos de cristal.

1. Pelar los membrillos y cortarlos en gajos delgados.

2. Cocinarlos en agua con jugo de limón 10 minutos. Escurrir.

3. Poner de nuevo en la olla, añadir el agua, el azúcar y la canela y cocinar hasta que el almíbar espese.

4. Al día siguiente, cocinar de nuevo durante 15 minutos, y servir o envasar en frascos de cristal.

— Pastelitos mendocinos —

Ingredientes para 6 personas:

3 1/2 tazas de harina de trigo
1/2 lb de manteca (grasa de pella)
2 yemas de huevo
1 taza de leche
1 cucharadita de sal
1 lb de dulce de membrillo
Azúcar pulverizada (impalpable)
Aceite abundante para freír

Poner la harina, en forma de volcán, sobre una superficie de trabajo. Echar en el hueco central la manteca, las yemas, la leche y la sal, y mezclar los ingredientes hasta formar una masa homogénea. Dejar reposar en el refrigerador 1 hora.

A continuación, estirar la masa con el rodillo y cortarla en cuadrados.

Seguidamente, poner sobre un cuadrado una porción de dulce de membrillo y tapar con otro cuadrado de masa humedeciendo los bordes y teniendo cuidado de que los vértices del cuadrado que forma la tapa, no coincidan con los del cuadrado de base. Humedecer el pastelito cerca de las esquinas y volver las cuatro puntas hacia arriba, haciendo un pellizco.

Por último, freír en una sartén al fuego con abundante aceite caliente, bañándolos con el aceite por encima, con ayuda de una cuchara o una espumadera, para que la masa se abra y queden bien dorados. Servir espolvoreados con azúcar pulverizada.

1. Poner la harina con la manteca, las yemas, la leche y la sal, y trabajar hasta formar una masa.

2. Dejar reposar la masa durante 1 hora y a continuación estirarla formando cuadrados.

3. Poner sobre un cuadrado una porción de membrillo y tapar con otro cuadrado.

4. Freír en abundante aceite caliente hasta que estén bien dorados y espolvorear con azúcar pulverizada.

— Ananá relleno de arroz —

Ingredientes para 4 personas:

100 g de arroz
3 tazas de leche
150 g de azúcar
Unas gotas de esencia de vainilla
1 piña (ananá)
3/4 de taza de crema de leche, batida
Cerezas para decorar

Poner el arroz en una olla, añadir la leche y dejar reposar 1 hora. A continuación, poner al fuego y cocinar hasta que el arroz esté tierno. Añadir el azúcar y la vainilla, revolver y dejar enfriar.

Seguidamente, partir la piña por la mitad, en sentido longitudinal. Extraer

la pulpa y cortarla en dados, desechando el tronco central y añadirlos al arroz, junto con la crema de leche, batida a punto de nieve.

Por último, rellenar con el preparado las 2 mitades vacías de la piña, y decorar con cerezas verdes y rojas, o al gusto.

1. Poner el arroz junto con la leche en una olla y dejar en remojo 1 hora.

2. **Poner al fuego y cocinar hasta que el arroz esté tierno.**

3. Añadir el azúcar y la vainilla, revolver y dejar enfriar.

4. Cortar la piña por la mitad, extraer la pulpa y desechar el tronco central.

5. Mezclar la piña con el arroz y la crema batida y rellenar la cáscara de la piña.

— Pastel de zapallo —

Ingredientes para 6-8 personas:

Para la masa:

1/2 lb de harina de trigo
1/2 cucharadita de polvo de hornear
2 huevos batidos
4 cucharadas de mantequilla
1 vaso de leche

Para el relleno:

1 1/2 tazas de auyama (zapallo) hecha puré
1/2 taza de azúcar
1 cucharadita de canela en polvo
1/4 cucharadita de sal
1/2 taza de crema de leche
2 huevos batidos

Mezclar la harina con el polvo de hornear, añadir los huevos y la mantequilla y trabajar con los dedos.

A continuación, agregar la leche, poco a poco, trabajando hasta formar una masa suave y homogénea. Poner en un recipiente, tapar y dejar reposar durante 2 horas.

Seguidamente, extender la masa con el rodillo, forrar con ella un molde bajo y pasar el rodillo por los bordes del molde para cortar el exceso de masa. Pinchar el fondo de la canastilla con un tenedor y reservar.

Poner todos los ingredientes del relleno en un recipiente, mezclarlos bien y rellenar la canastilla preparada.

Por último, introducir en el horno, precalentado a 200° C (400° F) durante 15 minutos. Bajar la temperatura a 165° C (325° F) y hornear hasta que la masa esté dorada y el relleno cuajado. Dejar enfriar y decorar al gusto.

1. Mezclar la harina con el polvo de hornear, los huevos y la mantequilla.

2. Añadir la leche, hacer una masa homogénea y dejar reposar 2 horas.

3. Estirar la masa con el rodillo y forrar un molde bajo.

4. Mezclar los ingredientes del relleno, llenar la canastilla y hornear.

— Budincitos Sanjuaninos —

Ingredientes para 10-12 budincitos:
1 taza de manteca
1 taza de azúcar
2 tazas de harina de trigo
1 taza de fécula de maíz
1 cucharadita de polvo de hornear
1 taza de leche
7 claras de huevo

Batir la manteca con el azúcar y añadir la harina, la fécula de maíz y el polvo de hornear. Agregar, sin dejar de revolver, la leche.

Batir las claras a punto de nieve e incorporar al preparado anterior, con movimientos envolventes.

Engrasar moldecitos individuales, ver-ter en ellos la mezcla e introducir en el horno, precalentado a 200° C (400° F) durante 30 minutos o hasta que hayan subido y estén bien dorados. Debe tener cuidado de no abrir el horno durante los primeros 15 minutos, para que los budines no se bajen. Servir solos o con dulce de leche.

1. Batir la manteca con el azúcar, añadir la harina, la fécula de maíz y el polvo de hornear y por último, la leche.

2. En otro recipiente, batir las claras de huevo a punto de nieve e incorporarlas al preparado anterior.

3. Mezclar las claras con el preparado anterior, haciéndolo con movimientos envolventes.

4. Engrasar moldecitos individuales, repartir en ellos la mezcla y hornear durante 30 minutos.

Puchero con papas

Ingredientes para 4 personas:

2 lb de carne de res, magra o grasa, al gusto
I cebolla grande, cortada en cuartos
I puerro grande, limpio y entero
I ramita de perejil
I hoja de laurel
4 papas medianas
2 zanahorias grandes
I lb de auyama (zapallo)
Sal

Poner 3 litros de agua en una olla grande al fuego. Cuando rompa a hervir, agregar la carne, la cebolla, el puerro, el perejil y el laurel, y cocinar hasta que la carne esté tierna.

Mientras tanto, pelar las papas y cortarlas por la mitad. Raspar las zanahorias y cortarlas por la mitad. Cortar en trozos la auyama.

Poner todo en agua fría y mantener en remojo hasta que la carne esté tierna.

A continuación, escurrir las verduras, agregarlas a la olla, salar y cocinar durante 20 minutos o hasta que las verduras estén tiernas.

Servir la carne y las verduras en una fuente y con el caldo, preparar una sopa de fideos o arroz, sirviéndola como primer plato.

Sopa de albóndigas

Ingredientes para 4 personas:

6 tazas de caldo de puchero
4 cucharadas de arroz
I/2 lb de carne molida
100 g de tocineta (panceta) picada
I taza de pan molido (rallado)
I/2 cebolla, finamente picada
I huevo, ligeramente batido
I cucharadita de perejil picado
Sal, pimienta y nuez moscada, al gusto

Poner en un recipiente todos los ingredientes excepto el arroz y el caldo, y mezclar bien hasta formar una pasta homogénea.

A continuación, preparar pequeñas albóndigas, no mayores que una nuez.

Seguidamente, poner el caldo en una olla al fuego, y cuando esté bien caliente, pero sin hervir, dejar caer las albóndigas, una a una para que no se peguen.

Por último, cuando el caldo comience a hervir, añadir el arroz y cocinar durante 20 minutos, hasta que el arroz esté en su punto.

Puchero de caracú

Ingredientes para 4 personas:

2 lb de huesos de tuétano (caracú), con carne
I hueso de rodilla
I lb de carne para hervir
I hoja de laurel
El jugo de I limón
2 lb de carne magra de res
I ramita de perejil
2 dientes de ajo
2 papas cortadas en trozos
2 zanahorias cortadas por la mitad
2 puerros, sólo la parte blanca
I lb de auyama (zapallo), cortada en trozos
2 choclos tiernos, cortados por la mitad
Pimienta
Sal

Poner en una olla grande con 4 litros de agua, los huesos, la carne para hervir, el laurel y el jugo de limón. Cocinar durante 2 horas, espumando de vez en cuando.

A continuación, añadir la carne magra, el perejil, y los ajos, ligeramente machacados. Sazonar con sal y pimienta y cocinar durante I hora.

Retirar entonces 2/3 partes del caldo, que se reservará para preparar un consomé o una gelatina.

Seguidamente, añadir 2 litros de agua hirviendo y las verduras y cocinar hasta que estén tiernas.

Servir la carne con las verduras, y con el caldo preparar una sopa.

Locro de trigo

Ingredientes para 6 personas:

2 tazas de trigo integral, puesto en
remojo desde la noche anterior

1/2 lb de tocineta (panceta) salada, en
daditos

2 cebollas medianas, finamente
picadas

2 cebollas largas (de verdeo),
finamente picadas

2 pimentones (pimientos morrones)
rojos, en tiritas

2 tomates, cortados en
gajos delgados

2 choclos, cortados en
ruedas delgadas

1 papa, pelada y cortada
en cubitos

1 batata, pelada y cortada en
cubitos

1/2 lb de auyama (zapallo) cortada en
cubitos

Pimienta

Sal

Lavar bien el trigo remojado, ponerlo en una olla con un poco de agua fría y cocinar a fuego fuerte 5 minutos. Colar, desechando el agua y poner de nuevo en la olla.

A continuación, agregar 4 litros de agua junto con la tocineta y las cebollas y cocinar durante 2 horas a fuego bajo, hasta que los granos estén tiernos y abiertos.

Seguidamente, agregar todos los ingredientes restantes, sazonar con sal y pimienta y cocinar hasta que las papas y los choclos estén tiernos.

Debe resultar caldoso y muy suave.

Puré de arvejas

Ingredientes para 4 personas:

1/2 lb de tocineta (panceta) ahumada,
cortada en cubitos

1 cucharada de aceite

6 tazas de caldo de puchero

1 taza de arvejas secas, puestas en remojo la noche
anterior.

1 cucharadita de perejil picado

1 zanahoria rallada

Cubitos de pan frito, para acompañar

Calentar el aceite en una olla grande y freír los cubitos de tocineta, hasta que estén bien tostados.

A continuación, añadir todos los ingredientes restantes, excepto el pan, y cocinar lentamente, durante 1 hora, hasta que las arvejas estén deshaciéndose.

Por último, pasar todo por la licuadora hasta formar un puré homogéneo, y servir bien caliente con el pan frito.

Puchero mixto

Ingredientes para 6 personas:

1 gallina

2 lb de falda de ternera, con hueso

2 zanahorias limpias y enteras

1 cebolla pelada y entera

4 dientes de ajo, pelados

1 ramita de apio, limpia y entera

6 papas

Alguna verdura de estación (opcional)

1 taza de arroz

Sal

Lavar la gallina y ponerla en una olla junto con la carne, las zanahorias, la cebolla, los ajos y el apio. Añadir 3 litros de agua y cocinar a fuego bajo durante 2 horas, espumando la superficie frecuentemente, para mantener la limpidez del caldo.

A continuación, retirar las verduras y añadir las papas cortadas en trozos grandes y las verduras de estación. Sazonar y cocinar hasta que estén tiernas, 20 minutos antes de finalizar la cocción, agregar el arroz.

Ensalada de papas y chauchas

Ingredientes para 4 personas:

1 lb de papas hervidas y cortadas en cubitos
1 lb de habichuelas (chauchas) hervidas y cortadas en cubitos
1 huevo duro, picado grueso
3 cucharadas de aceite
1 cucharada de vinagre
1 cucharada de perejil
Sal

Poner en una ensaladera las papas, las habichuelas y el huevo duro.

A continuación, mezclar en un recipiente pequeño, el aceite, el vinagre y la sal.

Seguidamente, aliñar con la mezcla preparada la ensalada, y revolver con cuidado para que no se deshagan las papas. Salpicar con el perejil picado y servir.

Alcauciles en salsa de tomate

Ingredientes para 4 personas:

4 alcachofas (alcauciles) grandes, hervidas y cortadas en cuartos
3 cucharadas de aceite
1 cebolla mediana, picada
1 pimentón (pimiento morrón)
2 tomates, sin piel ni semillas, cortados en gajos finos
1 hoja de laurel
Una pizca de perejil picado
Sal

Calentar el aceite en una sartén al fuego y preparar una salsa con la cebolla, el pimentón y los tomates, friendo todo junto durante 10 minutos, a fuego fuerte. Añadir el laurel, el perejil y sal, y rehogar unos minutos más.

A continuación, agregar las alcachofas cocinadas y troceadas, bajar el fuego y cocinar todo junto durante 10 minutos más. Servir caliente o fría.

Cebollas rellenas a la criolla

Ingredientes para 4 personas:

4 cebollas grandes, cortadas por la mitad
1 cucharadita de azúcar
1 cucharadita de vinagre
1/2 taza de leche hirviendo
1/2 taza de miga de pan
100 g de salchichas de cerdo
50 g de tocineta (panceta) ahumada, picada
1/2 taza de queso fresco, cortado en cubitos
1 cucharadita de perejil fresco finamente picado
Nuez moscada al gusto
2 huevos batidos ligeramente
1/2 taza de pan molido (rallado)

Una vez cortadas las cebollas, retirar la parte central, cuidando de dejar varias capas gruesas de las externas. Poner en una olla las cebollas vaciadas, junto con el azúcar y el vinagre. Añadir agua y sal, y cocinar durante 2 ó 3 minutos, para que se ablanden ligeramente, retirar del agua y dejar escurrir.

Mientras tanto, verter la leche hirviendo sobre la miga de pan para que se empape y deshaga.

A continuación, en una sartén al fuego, rehogar las salchichas, previamente peladas, y la tocineta picada, hasta que se doren y suelten la grasa. Retirar con una espumadera, y en la grasa de la sartén, freír las partes del centro quitadas a las cebollas, previamente picadas.

Seguidamente, mezclar en un recipiente la miga de pan remojada con leche, las salchichas con tocineta, la cebolla frita, el queso, el perejil, la nuez moscada, los huevos batidos, y sal, revolviendo todo bien hasta que esté homogéneo.

Por último, colocar las medias cebollas en una fuente de horno. Rellenarlas colmadas, con la mezcla preparada. Cubrirlas con el pan molido, rociar con aceite e introducir en el horno, precalentado a 165° C (325° F) durante 45 minutos. A mitad de la cocción, bañar con salsa criolla (ver página 17). Una vez en su punto, servir bien calientes.

Pastel simple de choclos

Ingredientes para 4-6 personas:

12 choclos frescos medianos
1/2 taza de leche
2 cucharadas de aceite
1 cebolla pequeña, finamente picada
4 huevos
1/2 taza de queso rallado
Pimienta al gusto
Sal
Aceite

Desgranar los choclos y pasar por la licuadora junto con la leche.

A continuación, calentar el aceite en una olla y freír la cebolla hasta que esté dorada. Agregar el puré de choclo, llevar a hervor suave, y cocinar revolviendo, durante 15 minutos. Retirar del fuego y dejar enfriar ligeramente. Seguidamente, batir los huevos con la mitad del queso y sal y pimienta al gusto, y agregarlos a la mezcla de choclos, revolviendo todo bien.

Por último, engrasar con aceite una fuente de horno, que sea profunda, y distribuir en ella el preparado anterior. Salpicar la superficie con el queso restante, rociar con un hilo de aceite e introducir en el horno, precalentado a 165° C (325° F) durante 45 ó 50 minutos, hasta que el pastel esté cocinado y comience a dorarse la superficie. Retirar del horno y servir caliente o frío, al gusto.

Zapallo frito

Ingredientes para 4 personas:

1 1/2 lb de auyama (zapallo)
1/2 taza de aceite
Harina para rebozar
Sal gruesa

Cortar la auyama en láminas de 1 cm aproximadamente de espesor y 5 cm de ancho. Sazonar con sal gruesa y dejar escurrir en un colador durante 15 minutos.

A continuación, secar las láminas con un paño o una servilleta de papel, y pasarlas ligeramente por harina.

Seguidamente, freírlas en aceite bien caliente hasta que estén doradas. Servir de inmediato como primer plato o acompañando carnes y aves.

Budín de zanahorias

Ingredientes para 4 personas:

2 tazas de puré de zanahorias hervidas
1/2 taza de aceite
1 cebolla pequeña, picada
1 taza de pan molido (rallado)
1 taza de leche
4 huevos bien batidos
1/2 taza de queso rallado
1 cucharadita de azúcar
1 cucharadita de perejil fresco, picado
1 taza de salsa blanca
Sal, pimienta y nuez moscada

Calentar el aceite en una sartén y rehogar la cebolla durante un par de minutos. Retirar del fuego y dejar reposar.

A continuación, poner todos los ingredientes, excepto la salsa blanca, en un recipiente grande. Agregar la cebolla rehogada y el aceite, sazonar con sal, pimienta y nuez moscada y mezclar todo bien hasta que resulte homogéneo.

Seguidamente, engrasar un molde refractario, espolvorearlo con pan molido, sacudiéndolo para desechar el exceso y llenarlo con el preparado anterior.

Por último, introducir en el horno, precalentado a 165° C (325° F) durante 1 hora. Retirar del horno, desmoldar, cubrirlo con la salsa blanca y servir.

Fideos al horno
con crema de choclos

Ingredientes para 4 personas:

1 lb de macarrones (fideos)
100 g de mantequilla (manteca)
1 cebolla picada
1 taza de choclos frescos rallados
1 taza de queso blando
1 cucharadita de perejil fresco, picado
1 cucharada de cebolla larga (de verdeo) picada
Una pizca de nuez moscada
2 tazas de salsa blanca
Queso rallado al gusto

Cocinar los macarrones en abundante agua con sal, hasta que estén "al dente".

Mientras tanto, calentar la mantequilla en una sartén y rehogar la cebolla hasta que comience a tomar color. Agregar los choclos rallados y cocinar hasta que la mezcla esté un poco seca, revolviendo constantemente.

A continuación, añadir el queso blando, el perejil, la cebolla larga, la nuez moscada y la salsa blanca. Salar y revolver todo bien.

Seguidamente, escurrir bien los macarrones y acomodarlos en una fuente honda de horno. Añadir la mitad de la salsa preparada y mezclar bien.

Por último cubrir los macarrones con el resto de la salsa, espolvorear la superficie con el queso rallado e introducir en el horno, precalentado a 205° C (400° F) hasta que toda la superficie esté dorada. Servir inmediatamente.

Tallarines verdes
con anchoas

Ingredientes para 4 personas:

1 lb de tallarines verdes
6 cucharadas de aceite
2 dientes de ajo finamente picados
1 cucharadita de perejil fresco, picado
6 filetes de anchoas, finamente picados
2 ó 3 cucharadas de caldo
Sal y pimienta blanca

Cocinar los tallarines en abundante agua hirviendo con sal, hasta que estén "al dente".

Mientras tanto, calentar el aceite en una sartén al fuego y freír los ajos y el perejil, durante medio minuto.

Agregar las anchoas picadas y mezcladas con el caldo y sazonar con pimienta. Probar la salsa y si estuviera muy salada, agregar un poco más de caldo y cocinar unos minutos, revolviendo para deshacer las anchoas.

Por último, escurrir bien los tallarines, mezclarlos con la salsa preparada y servir de inmediato.

Fideos con nueces

Ingredientes para 4 personas:

1 lb de espaguetis (fideos)
1/2 taza de mantequilla (manteca)
3 ó 4 cucharadas colmadas de nueces finamente picadas
1 cucharadita de perejil fresco, picado
1/2 taza de queso rallado
Sal

Cocinar los espaguetis en una olla con abundante agua con sal, hasta que estén "al dente".

Mientras tanto, calentar la mantequilla en una sartén, hasta que comience a estar espumosa y, cuando empiece a tomar color, añadir todas las nueces. Cocinar, revolviendo constantemente hasta que las nueces se doren, pero teniendo cuidado de que no se pasen de punto pues se pondrían amargas.

A continuación, agregar el perejil, revolver y retirar del fuego.

Seguidamente, escurrir bien los espaguetis y mezclarlos con las nueces preparadas. Espolvorear con el queso rallado y servir.

Fideos con menudos de pollo

Ingredientes para 4 personas:

1 lb de tallarines (fideos)
1 lb de menudos de pollo
1/2 taza de manteca de cerdo o aceite
2 cebollas grandes, picadas grueso
2 zanahorias medianas, ralladas o picadas finamente
1 cebolla larga (de verdeo), finamente picada
1 lb de tomates pelados, sin semillas y picados
1 cucharada de extracto de tomate
1 cucharada de perejil fresco, finamente picado
1 cucharadita de orégano
1/2 cucharadita de comino molido
1/2 cucharadita de color (pimentón dulce)
4 tazas de agua hirviendo

Cortar los menudos en trocitos pequeños, y rehogarlos en aceite o manteca. Agregar la cebolla, las zanahorias y la cebolla larga y freír hasta que las zanahorias estén tiernas.

A continuación, añadir los tomates, el extracto, el perejil y las especias, mezclar todo bien e incorporar el agua. Cocinar a fuego vivo durante 10 minutos, salar y añadir los tallarines. Revolver y cocinar a fuego bajo durante 10 minutos, revolviendo de vez en cuando para asegurarse de que los tallarines se cocinen por igual.

Por último, retirar del fuego, dejar reposar 15 minutos y servir con queso parmesano rallado.

Quibebé

Ingredientes para 6 personas:

2 lb de auyama (anday o zapallo) cortada en daditos
100 g de manteca
4 cebollas largas (de verdeo) cortada en rodajitas finas
1/2 lb de harina de maíz
1/2 lb de queso fresco cortado en daditos
Sal

Calentar la manteca en una olla al fuego y freír las cebollas cortadas en rodajitas, hasta que estén doradas.

A continuación, añadir la auyama, saltear unos minutos y verter un poco de agua, hasta que la auyama quede cubierta. Cocinar hasta que esté tierna y deshacerla en la misma olla con ayuda de un tenedor, hasta formar un puré.

Seguidamente, salar y agregar la harina, en forma de lluvia, revolviendo constantemente, hasta formar una pasta bien unida. Añadir el queso y continuar cocinando, revolviendo, hasta que éste se deshaga. Servir bien caliente acompañando una carne asada.

Pastel de pollo

Ingredientes para 8 personas:

1 lb de harina de maíz blanco
1/2 lb de harina de trigo
6 huevos
La leche necesaria para formar una masa
Sal

Para el relleno:

1 pollo, hervido y deshuesado
3 cebollas grandes
2 dientes de ajo
2 tomates pelados, sin semillas y cortados en trozos
1 cucharada de perejil fresco finamente picado
1 hoja de laurel
Orégano
Pimienta
Sal

Poner sobre una superficie de trabajo las harinas tamizadas, dándoles forma de volcán, y en el hueco, añadir sal y los huevos.

Trabajar con los dedos y agregar leche hasta formar una masa que quede con consistencia suave y homogénea. Dejar reposar durante 10 minutos, cortar en dos partes, estirar una de ellas con ayuda del rodillo y forrar un molde de horno.

A continuación, rellenar con el pollo previamente hervido, deshuesado y cortado en tiras o cubitos.

Seguidamente, preparar una salsa, friendo todos los ingredientes restantes y cubrir el pollo con ella.

Por último, estirar la masa restante, cubrir con ella el relleno y cerrar todo el borde con los dedos, uniendo la masa de la base con la de la superficie. Introducir en el horno, precalentado a 190° C (375° F), durante 1 hora, o hasta que la masa esté bien dorada.

Tortilla
de acelgas

Ingredientes para 4 personas:
1/2 taza de aceite
1 cebolla finamente picada
1 1/2 lb de acelgas cocinadas, escurridas y picadas muy finas
Nuez moscada al gusto
4 huevos
Pimienta
Sal

Calentar el aceite en una sartén antiadherente y rehogar la cebolla a fuego bajo, hasta que esté transparente.

A continuación, añadir las acelgas cocinadas y sazonar con nuez moscada, sal y pimienta. Revolver todo bien e incorporar los huevos batidos.

Por último, revolver para que quede todo bien mezclado y cuajar la tortilla, por ambos lados. Servir bien caliente.

Tortilla de arvejas

Ingredientes para 4 personas:
2 cucharadas de aceite
1 cebolla mediana, picada
2 lonchas de tocineta (tocino) ahumada, picada
1 lb de arvejas cocinadas
4 huevos
Pimienta
Sal

Calentar el aceite en una sartén al fuego y freír la cebolla junto con la tocineta, hasta que empiecen a dorarse. Añadir las arvejas y rehogar un par de minutos, a fuego bajo.

A continuación, batir los huevos, sazonar con sal y pimienta al gusto e incorporar la mezcla de arvejas anteriormente preparada.

Seguidamente, engrasar de nuevo la sartén, y cuajar la tortilla por ambos lados, hasta que esté dorada. Servir fría o caliente, al gusto.

Fayandú

Ingredientes para 4 personas:
6 cucharadas de manteca o mantequilla
1 cebolla mediana finamente picada
2 dientes de ajo finamente picados
1 lb de camarones (gambas) pelados
1 lata de atún en conserva
1 tomate grande pelado, sin semillas y picado
8 huevos
Pimienta
Sal

Calentar en una sartén 2 cucharadas de manteca y saltear la cebolla y el ajo, a fuego bajo.

A continuación, añadir los camarones y el atún, picados, revolver bien, sazonar con sal y pimienta y añadir los tomates. Tapar y cocinar todo junto hasta que se seque el jugo.

Seguidamente, batir los huevos y sazonar con sal y pimienta.

En otra sartén, calentar 1 cucharada de mantequilla y poner 1/4 parte del batido de huevos. Hacer una tortilla, cuajándola sólo por un lado. Poner en el centro 1/4 parte del relleno preparado, doblarla y terminar de cocinar, a fuego bajo, hasta que esté bien dorada.

Siguiendo el mismo sistema, formar otras 3 tortillas y servir con una ensalada de tomate, o al gusto.

Revuelto de zapallitos y tomates

Ingredientes para 4 personas:

1/2 taza de aceite

1 cebolla pequeña, finamente picada

1 lb de auyama (zapallitos) cortada en daditos

2 tomates picados

4 huevos

Orégano

Sal y pimienta

Calentar el aceite en una sartén al fuego y freír la cebolla hasta que esté bien doradita. Añadir la auyama y cocinar hasta que empiece a dorarse. Incorporar los tomates y cocinar, revolviendo, para evitar que la mezcla se pegue.

A continuación, añadir los huevos, previamente batidos y sazonados con orégano, sal y pimienta.

Seguidamente cocinar todo junto, revolviendo hasta que los huevos estén bien cuajados, y servir.

Revuelto de choclos con salchichas

Ingredientes para 4 personas:

2 cucharadas de aceite

1 cebolla pequeña, finamente picada

1 cebolla larga (de verdeo) picada

1/2 lb de salchichas de cerdo, cortadas en rebanadas de aproximadamente unos 3 cm

2 tazas de choclos desgranados

4 huevos

Sal y pimienta

Calentar el aceite en una sartén al fuego, añadir las cebollas y freír, revolviendo de vez en cuando, hasta que estén doradas.

A continuación, añadir la salchicha y los choclos y freír hasta que la salchicha esté cocinada y bien dorada.

Seguidamente incorporar los huevos, previamente batidos y sazonados con sal y pimienta, y revolver, con una cuchara de madera, hasta que los huevos estén cuajados.

Tortilla de lechugas

Ingredientes para 4 personas:

1/2 taza de aceite

1 cebolla mediana, finamente picada

1 lechuga picada

4 huevos

2 cucharadas de harina

Nuez moscada

Sal y pimienta

Calentar el aceite en una sartén al fuego y freír la cebolla hasta que esté dorada.

Agregar la lechuga picada y freír a fuego bajo hasta que comience a soltar su jugo.

A continuación, batir los huevos en un recipiente, añadir la harina, sazonar con sal, pimienta y nuez moscada al gusto y batir bien para que no se formen grumos.

Seguidamente, incorporar la lechuga cocinada con la cebolla, mezclar todo bien, y dejar reposar unos minutos.

Por último, engrasar un molde de horno, verter en él la mezcla, rociar por encima con un poquito de aceite e introducir en el horno, precalentado a 165° C (325° F) durante 20 minutos, hasta que la tortilla esté cuajada y bien dorada.

Servir caliente o fría como aperitivo.

Bagres a la criolla

Ingredientes para 10 personas:

10 bagres
Harina para rebozar
3 cebollas cortadas en rodajas
6 dientes de ajo, picados
3 zanahorias cortadas en rodajitas finas
1 ají cortado en tiritas
4 hojas de laurel
1 cucharada de perejil fresco picado
1 cucharadita de orégano en polvo
1 taza de vinagre
2 taza de aceite
1 1/2 lb de arvejas cocinadas
2 tomates picados
3 papas medianas cortadas en rodajas grandes
Sal y pimienta

Cortar la cabeza a los pescados y limpiar bien. Partirlos por la mitad, pasarlos por harina y freír ligeramente, sin que se doren. Colocar las porciones de pescado en un cacerola grande.

A continuación, cubrirlas con las rodajas de cebolla, los ajos, las zanahorias, los ajíes y el laurel. Espolvorear con el perejil y el orégano y sazonar con sal y pimienta.

Seguidamente, rociar con el vinagre y el aceite y cocinar a fuego bajo durante 10 minutos. Añadir las arvejas y los tomates, y cocinar durante 20 minutos más.

Por último, incorporar las papas y cocinar hasta que éstas estén tiernas.

Pejerrey plateado

Ingredientes para 8 personas:

2 lb de corvina (liza, pejerrey), cortada en presas
Aceite para freír
100 g de mantequilla
2 cucharadas de perejil fresco, picado
Rodajas de limón
Sal

Limpiar bien las presas de pescado, secarlas, salarlas, untarlas bien con aceite y dejar reposar durante 10 minutos.

A continuación, calentar abundante aceite en una sartén y dorar el pescado por ambos lados.

Finalmente, colocar en una fuente, poner encima de cada presa, una cucharadita de mantequilla, espolvorear con el perejil finamente picado y decorar con las rodajas de limón.

Surubí guisado

Ingredientes para 6 personas:

12 postas de bagre (surubí)
El jugo de 1 limón
4 cucharadas de aceite
1 cucharadita de orégano
1 hoja de laurel desmenuzada
Harina para rebozar
Aceite para freír
2 cebollas grandes cortadas en aros finos
2 tomates maduros pelados y cortados en rodajas
2 pimentones (pimientos morrones) verdes
2 dientes de ajo picados
1 cucharada de ají
1 cucharada de vinagre
2 tazas de caldo de pescado o agua
Sal y pimienta

Poner el pescado en una fuente y rociar con una mezcla hecha con el jugo de limón, el aceite, el orégano, el laurel y sal y pimienta. Dejar marinar durante 10 minutos.

A continuación, pasar las postas de pescado por harina y freír en abundante aceite caliente, hasta que estén doradas.

Seguidamente, colar el aceite y poner media taza en una olla. Cuando esté caliente, freír las cebollas lentamente, hasta que estén transparentes. Añadir los tomates, los pimentones, el ajo y el ají diluido en el vinagre. Sazonar con sal y pimienta, incorporar el caldo y cocinar durante 15 minutos.

Por último, poner las postas de pescado en un recipiente de barro, volcar encima la salsa preparada y calentar todo bien durante unos minutos. Servir con arroz blanco.

Milanesas de pescado

Ingredientes para 4 personas:

4 filetes grandes de pescado
El jugo de 1 limón
3 huevos
1 cucharada de aceite
1 cucharadita de color (pimentón dulce)
Ají molido, al gusto
1 taza de harina de trigo
2 tazas de pan molido (rallado)
Aceite para freír
Sal

Poner los filetes de pescado en un recipiente, salar, rociar con jugo de limón, y dejar reposar durante 15 minutos.

Mientras tanto, batir los huevos con el aceite, el color y el ají y dejar reposar.

A continuación, pasar los filetes de pescado por la harina, después por los huevos condimentados y seguidamente por el pan molido.

Por último, freír en abundante aceite caliente hasta que estén bien dorados, y servir con ensalada.

Lenguado en salsa de frutas

Ingredientes para 6 personas:

2 lenguados de 2 lb cada uno
1 cucharada de aceite
1 cucharada de manteca derretida
El jugo de 1 limón
6 cucharadas de vino de Jerez
1 cucharada de cebolla licuada
2 manzanas verdes, cortadas en daditos
6 ciruelas secas, deshuesadas y picadas
1 cucharada de harina de trigo
Sal y pimienta

Colocar los lenguados en una fuente grande de horno. Rociarlos con el aceite y la manteca e introducir en el horno, precalentado a 190° C (375° F), durante 10 minutos.

A continuación, sazonar con sal y pimienta. Rociar con el jugo de limón, el vino de Jerez y espolvorear con la cebolla. Agregar las manzanas, las ciruelas y espolvorear la superficie con la harina.

Seguidamente, hornear 5 minutos más. Tapar la fuente con papel de aluminio y hornear otros 5 ó 6 minutos. Servir los lenguados con la salsa de frutas por encima.

Escabeche criollo de pescado

Ingredientes para 10 personas:

1 corvina grande, limpia, sin escamas y cortada en postas
Harina de trigo para rebozar
Aceite para freír el pescado
3 cebollas, cortadas en rebanadas
3 puerros, cortados en tiritas (juliana)
6 cebollas largas (de verdeo) cortadas en tiritas (juliana)
3 zanahorias, cortadas en tiritas (juliana)
1 tomate, cortado en ruedas
1 rama de romero fresco
1 taza de vinagre
1 taza de vino blanco seco
2 limones, cortados en ruedas
Sal y pimienta

Calentar abundante aceite en una sartén al fuego. Rebozar las postas de pescado, freír hasta que estén doradas y colocarlas sobre papel absorbente para eliminar el exceso de grasa.

A continuación, poner en una cazuela de barro todos los ingredientes restantes excepto los limones. Sazonar con sal y pimienta, añadir 1 taza del aceite de freír el pescado y cocinar durante media hora.

Seguidamente, colocar el pescado encima de las verduras, cuidando que quede cubierto por el líquido, y poner sobre el pescado las ruedas de limón. Cocinar durante media hora más, retirar del fuego y dejar enfriar. Servir al día siguiente.

Pechugas de pollo a la milanesa

Ingredientes para 4 personas:

4 pechugas de pollo, deshuesadas
El jugo de 1/2 limón
2 huevos
1 cucharada de harina de trigo
1 cucharada de Jerez
1/2 cucharadita de nuez moscada
1/2 cucharadita de estragón o tomillo
1/2 cucharadita de mostaza en polvo
2 tazas de pan molido (rallado)
Aceite o manteca para freír
Limón en rodajas, para acompañar
Sal y pimienta

Aplastar las pechugas para que tengan un grosor similar. Sazonar con sal y pimienta y rociar con el jugo de limón. Dejar reposar durante aproximadamente unos 15 minutos.

Mientras tanto, batir los huevos. Agregar la harina, el Jerez, la nuez moscada, el estragón y la mostaza. A continuación, secar ligeramente las pechugas con servilletas de papel o con un paño y pasarlas por el huevo batido preparado y seguidamente por el pan molido.

Por último, freírlas a fuego bajo, dorándolas por ambos lados, y servir rociadas con el resto del aceite donde se frieron y acompañadas de rodajitas de limón.

Pollo con crema de choclos

Ingredientes para 4 personas:

1 pollo
1/2 taza de caldo de pollo
1/2 taza de agua
1 cucharada de fécula de maíz (maicena)
2 cucharadas de manteca
1/2 cebolla finamente picada
1/2 taza de granos de maíz fresco, recién rallados
1/2 taza de leche
Nuez moscada al gusto
Sal
Papas fritas para acompañar

Lavar el pollo por dentro y por fuera, salar, y asar en el horno, precalentado a 190° C (375° F) durante 30 minutos.

A continuación, agregar el caldo y el agua, donde se habrá diluido la fécula de maíz y continuar la cocción.

Mientras tanto, calentar la manteca y freír lentamente la cebolla, hasta que esté transparente. Añadir el maíz rallado, revolver, incorporar la leche y 1 taza de los jugos de cocción del pollo. Sazonar con nuez moscada y sal y cocinar hasta que la salsa ligue y espese ligeramente.

Cuando el pollo esté asado, servir con la salsa preparada, por encima y papas fritas.

Perdices a la baradero

Ingredientes para 6 personas:

6 perdices
6 lonchas (tajadas) de jamón cocido ahumado
6 cucharadas de aceite
6 cucharadas de manteca
2 cebollas picadas
2 tazas de leche
2 hojas de laurel
Sal y pimienta

Limpiar bien las perdices, secarlas y envolver la pechuga con una loncha de jamón. Atarlas para que no pierdan la forma, sazonarlas con sal y pimienta y reservar.

A continuación, calentar el aceite y la manteca en una olla al fuego y freír la cebolla hasta que esté transparente. Seguidamente, agregar la leche y el laurel, revolver, colocar en la olla las perdices, tapar y cocinar lentamente durante una hora y media aproximadamente. Servir en cuanto las perdices estén tiernas.

Milanesas
de carne picada

Ingredientes para 4 personas:

1 lb de carne molida de ternera
1/2 taza de pan molido (rallado)
2 cucharadas de aceite
1 cucharada de perejil fresco, finamente picado
1 diente de ajo, finamente picado
3 huevos batidos
2 tazas de pan molido (rallado)
Aceite para freír
Sal y pimienta
1 limón cortado en rodajas, para acompañar

Poner en un recipiente la carne junto con el pan molido, el aceite, el perejil y el ajo. Sazonar con sal y pimienta y amasar con los dedos hasta conseguir una mezcla homogénea.

A continuación, dividir la mezcla en pequeñas porciones de tamaño similar, y aplastarlas dándoles una forma redondeada.

Seguidamente, pasarlas por los huevos batidos, y a continuación por el pan molido.

Por último, freír en aceite caliente y servir con rodajas de limón.

Bifes
con romero

Ingredientes para 4 personas:

4 filetes (bifes) grandes
1 ramita de romero fresco o 1 cucharadita de romero en polvo
1 taza de vino tinto
1/2 cucharadita de sal
1 cucharadita de manteca de cerdo
Puré de papas para acompañar

Picar finamente el romero, si es fresco, y mezclar con el vino y la sal. Rociar con este adobo los filetes y dejar reposar durante 2 horas.

A continuación, engrasar con la manteca una plancha grande y, cuando esté bien caliente, asar los filetes, primero por un lado y luego por el otro, hasta que estén bien dorados. Unos segundos antes de retirarlos del fuego, rociarlos con el adobo sobrante, y servir inmediatamente, acompañados de puré de papas.

Milanesas
a la mostaza

Ingredientes para 4 personas:

8 filetes (bifes) delgados de carne de ternera
1 taza de leche
3 huevos batidos
1 cucharadita de orégano en polvo
1 diente de ajo picado
1 cucharadita de perejil fresco, picado
1/2 cucharadita de mostaza en polvo
2 cucharadas de queso rallado
1 taza de harina de trigo
2 tazas de pan molido (rallado)
Aceite para freír
Sal y pimienta

Poner los filetes en una fuente, cubrir con la leche y dejar reposar en el refrigerador durante 2 horas.

Mientras tanto, batir los huevos y agregarles el orégano, el ajo picado, el perejil, la mostaza y el queso.

A continuación, escurrir un poco los filetes, sazonarlos con sal y pimienta y pasarlos por harina. Después pasarlos por los huevos condimentados y finalmente, por el pan molido. Aplastar bien con las manos para que el pan quede bien pegado y freír en aceite caliente.

Servir con ensalada al gusto y gajos de limón.

Pechito de cerdo adobado al horno

Ingredientes para 4 personas:

1 pechito de cerdo de 2 lb aproximadamente
2 cucharadas de aceite
1 cucharada de color (pimentón) dulce
1 cucharada de agua
1 cucharadita de sal
1 cucharadita de ají picante
1 cucharada de fécula de maíz
1 cucharada de vino blanco seco

Mezclar todos los ingredientes, excepto el pechito, formando un adobo y frotar con él la carne. Dejar reposar durante 6 horas en el refrigerador.

A continuación, poner la carne en una fuente refractaria e introducir en el horno, precalentado a 190° C (375° F) hasta que la carne entre las costillas esté crujiente.

Servir con ensalada fresca y compota de frutas ácidas, o al gusto.

Conejo al horno

Ingredientes para 4 personas:

1 conejo de 3 lb aproximadamente
2 cucharadas de aceite
1 cucharadita de sal
1/2 cucharadita de pimienta negra molida
2 cucharaditas de romero
2 cucharadas de manteca de cerdo
1/2 taza de agua
El jugo de 1 limón
1 cucharadita de sal

Preparar un adobo con el aceite, sal, pimienta y romero, y untar todo el conejo. Dejar macerar durante 6 horas en el refrigerador.

A continuación, engrasar el conejo con la manteca y colocarlo en una fuente refractaria. Introducir en el horno, precalentado a 180° C (350° F) y cocinar hasta que la carne empiece a separarse de los huesos, cuidando de rociarla, de vez en cuando, con el agua mezclada con el jugo de limón y la sal. Servir acompañado con zanahorias y auyama salteadas.

Carne adobada al horno

Ingredientes para 8 personas:

4 lb de carne de res, en una pieza
2 cucharadas de aceite
1 cucharadita de sal
1/2 cucharadita de pimienta negra molida
2 cucharaditas de romero
1 taza de vino tinto, o caldo de carne o agua
1 cucharada de fécula de maíz
Sal

Elegir un corte de carne más bien graso. Poner en una fuente de horno y adobar con una mezcla preparada con el aceite, la cucharadita de sal, la media cucharadita de pimienta negra, y romero. Dejar reposar en el refrigerador hasta el día siguiente.

A continuación, introducirla en el horno, precalentado a 190° C (375° F) hasta que esté casi tierna.

Media hora antes de retirarla del horno, rociarla con media taza de vino o caldo o agua, al gusto.

Cuando esté tierna, retirar del horno, reservar la carne en un platón y poner la fuente en el fuego. Añadir el vino restante en el que se habrá disuelto la fécula de maíz, y cocinar durante aproximadamente unos 3 minutos, revolviendo constantemente con una cuchara de madera, para despegar los jugos adheridos a la fuente.

Por último, colar la salsa obtenida, rociarla sobre la carne y servir con papas al horno y auyama frita.

Patasca

Ingredientes para 6 personas:

2 patas (manitas) de ternera
1/2 lb de mondongo
2 cucharadas de manteca de cerdo
2 papas cortadas en dados
1 taza de maíz cocido (mote)
4 tazas de agua caliente
1 cucharadita de color (pimentón)
Sal y pimienta

Limpiar bien las patas y el mondongo. Poner en una olla, añadir abundante agua y cocinar hasta que todo esté tierno. Escurrir y cortar en trocitos las patas y el mondongo.

A continuación, calentar la manteca en una olla al fuego y añadir las papas, las patas y el mondongo troceados, el mote y el agua, en el que previamente habrá disuelto el color. Sazonar con sal y pimienta y cocinar durante 30 ó 40 minutos, a fuego bajo, hasta que todo esté tierno.

Cordero con puré

Ingredientes para 6 personas:

1 pernil (pierna) grande de cordero
1/2 lb de tocineta (panceta)
8 dientes de ajo, cortados en láminas
1 taza de aceite
4 lb de papas
3 cucharadas de mantequilla
1 taza de leche
1 cucharada de harina de trigo

Costillar de cordero al eneldo

Ingredientes para 4 personas:

3 lb de chuletas de cordero en una pieza
1 hoja de laurel
Ramitas de eneldo fresco (o seco), picado
Sal y pimienta

Para la salsa:

100 g de manteca
4 cucharadas de harina de trigo
3 cucharadas de jugo de limón
2 cucharaditas de azúcar
1 yema de huevo
2 cucharadas de crema de leche
2 cucharadas de eneldo fresco o seco, picado
Sal

Pimienta
Sal

Hacer unos cortes profundos en el pernil y mechar con la tocineta cortada en tiras finas y los ajos. Poner el pernil en una fuente refractaria, sazonar con sal y pimienta, rociar con el aceite e introducir en el horno, precalentado a 190° C (375° F), durante 1 1/2 ó 2 horas, hasta que la carne esté tierna y al pinchar con un cuchillo, el jugo que salga sea casi incoloro.

Poner el costillar en una olla grande, añadir el laurel y el eneldo. Sazonar con sal y pimienta, cubrir con 4 tazas de agua y cocinar durante 1 hora aproximadamente, hasta que la carne esté tierna. Al principio de la cocción, habrá que quitar la espuma de la superficie, dos o tres veces.

Una vez cocinado el cordero, colar el caldo y reservar 2 tazas.

A continuación, derretir la manteca en una sartén grande, añadir la harina y cocinar, revolviendo, hasta que se forme una pasta homogénea. Agregar lentamente el caldo reservado, sin dejar de revolver, y cocinar durante 2 minutos más. Añadir los ingredientes restantes y calentar, sin dejar que llegue a hervir.

Servir el cordero con parte de la salsa por encima, y el resto de la misma en salsera aparte.

Mientras se hornea el pernil, cocinar las papas en agua con sal. Escurrirlas, añadir la mantequilla y la leche y machacarlas, formando un puré.

Cuando la carne esté lista, reservarla en un platón y pasar los jugos de la fuente a una olla pequeña. Retirar el exceso de grasa de la superficie, añadir la harina y cocinar a fuego bajo hasta que la salsa espese.

Servir el pernil cortado en lonchas gruesas, con el puré de papas y la salsa, bien caliente, en salsera aparte.

Frutas en almíbar de vino

Ingredientes para 4 personas:

1 taza de vino, tinto o blanco

1/2 taza de azúcar

1 astilla de canela

1 clavo de olor

4 duraznos frescos, pelados, deshuesados y cortados por la mitad o en cuartos.

Poner en un recipiente el vino junto con el azúcar, la canela y el clavo de olor y cocinar a fuego moderado durante 5 minutos.

A continuación, añadir los duraznos preparados y cocinar a fuego bajo hasta que estén tiernos.

Retirar del fuego y servir fríos o templados, al gusto.

Flan de naranja

Ingredientes para 4 personas:

3 huevos

4 cucharadas de azúcar

2 tazas de jugo de naranja, recién exprimido

Una pizca de nuez moscada

Batir ligeramente los huevos junto con el azúcar y el jugo de naranja. Añadir la nuez moscada y verter en un molde caramelizado, pasando la mezcla por un tamiz.

A continuación, cocinar al baño María, en el horno, precalentado a 165° C (325° F) durante una hora o hasta que esté bien cuajado.

Por último, retirar del horno, dejar enfriar y desmoldar.

Budín de pan

Ingredientes para 4 personas:

2 tazas de miga de pan oreado, cortado en daditos pequeños

2 tazas de leche hirviendo

3 huevos

3 cucharadas de azúcar

1 cucharada de ralladura de limón

Uvas pasas sin semillas, al gusto

Sal

Poner en un recipiente la miga de pan, rociarla con la leche hirviendo, dejar que se empape bien y deshacerla con un tenedor o pasapuré.

A continuación, batir los huevos ligeramente con el azúcar y una pizca de sal, e incorporarlos a la miga de pan desmenuzada, junto con las pasas y la ralladura de limón.

Seguidamente, revolver todo bien hasta que quede homogéneo y verter en un molde para budín, caramelizado e introducir en el horno, precalentado a 180° C (350° F) durante 1 hora.

Por último, retirar del horno, dejar enfriar y desmoldar. Servir con salsa de caramelo.

Dulce de leche

Ingredientes para 6-8 personas:

1 l de leche
300 g de azúcar
1 astilla de vainilla
Una pizca de bicarbonato de sodio

Poner en un recipiente todos los ingredientes y cocinar, primero a fuego fuerte hasta que tome color y a continuación a fuego bajo, revolviendo frecuentemente para evitar que se pegue, hasta que espese.

Retirar del fuego, dejar enfriar ligeramente y envasar en frascos de cristal, o una vez frío servir decorado con crema de leche batida.

Manjar blanquillo

Ingredientes para 6-7 personas:

1 l de leche
1 lb de azúcar
6 yemas

Poner todos los ingredientes en un recipiente y mezclar bien. Pasarlos a una olla, colándolos y cocinar a fuego fuerte, revolviendo constantemente, hasta que la mezcla espese.

A continuación, retirar del fuego, batir durante 5 minutos y poner en una fuente. Dejar enfriar.

Por último, una vez frío, cortar con un cuchillo en cuadrados.

Dulce de huevo

Ingredientes para 5-6 personas:

2 tazas de agua hirviendo
2 tazas de azúcar
6 huevos batidos
Esencia de vainilla o de almendras, al gusto

Poner el agua y el azúcar en un recipiente, y cocinar durante 10 minutos hasta formar un almíbar. Retirar del fuego, dejar enfriar ligeramente y añadir los huevos.

A continuación, y una vez todo bien mezclado, cocinar al baño María, sin dejar de revolver, hasta que espese. Apagar el fuego y aromatizar con esencia de vainilla o de almendras, al gusto.

Glosario

Abacaxi: Ananá, piña.
Abadejo: Bacalao, mojito, reyezuelo.
Abridero: Durazno, gabacho, melocotón, pavia.
Aceitunas: Olivas.
Achín: Ñame.
Achiote: Axiote, bijol, color, onoto, pimentón.
Achuras: Despojos, menudos.
Aguacate: Avocado, chuchi, palta.
Aguayón: Cadera, tapa.
Ahogado: Guiso, hogado, hogao, hogo, refrito, riojo, sofrito.
Ají dulce: Peperrone, pimentón, pimiento.
Ají picante: Conguito, chilcote, chile, guindilla, ñora, pimiento picante.
Ajonjolí: Sésamo.
Albaricoque: Chabacano, damasco.
Alcachofa: Alcaucil.
Alcaucil: Alcachofa.
Almeja: Concha, ostión, ostra.
Almidón de maíz: Chuño, fécula de maíz, maicena.
Almidón de mandioca: Harina de yuca.
Alubia: Caraota, faba, fréjol, fríjol, guandú, judía seca, poroto.
Alverjas: Arvejas, chícharos, guisantes.
Amarillo: Banano, cambur, plátano.
Ananá: Abacaxi, piña.
Ancua: Cancha, maíz frito, pororó, rositas de maíz.
Anchoas: Anchovas, boquerones.
Anchovas: Anchoas, boquerones.
Anday: Auyama, calabaza, sambo, zapallo.
Antojitos: Bocadillos.
Aperitivo: Botana, ingredientes, pasabocas, tapas.
Apio: Celeri.
Arasa: Guayaba.
Arvejas: Alverjas, chícharos, guisantes.
Atole: Harina de maíz disuelta en agua o leche.
Atún: Cazón, pescado grande de mar, tiburón, tuna.
Auyama: Anday, calabaza, sambo, zapallo.
Avocado: Aguacate, chuchi, palta.
Axiote: Achiote, bijol, color, onoto, pimentón.
Azúcar impalpable: Glass, pulverizada.
Bacalao: Abadejo, mojito, reyezuelo.
Bacón: Panceta, tocineta, tocino.
Banano: Amarillo, cambur, plátano.
Batata: Boniato, camote, ñame, papa dulce.
Becerra: Mamón, temera.
Berza: Col, repollo, taioba.
Betabel: Beterraba, beterraga, remolacha.
Beterraba: Betabel, beterraga, remolacha.
Beterraga: Betabel, beterraba, remolacha.
Bijol: Achiote, axiote, azafrán, color, onoto, pimentón.
Bocadillos: Antojitos.
Bogavante: Cabrajo, langosta.
Bolillo: Pan blanco.
Bollito: Bollo, cañón, capón, corte de res, muchacho.
Bollo: Bollito, cañón, capón, corte de res, muchacho.
Boniato: Batata, camote, ñame, papa dulce.
Boquerones: Anchoas, anchovas.
Borrego: Cordero, oveja.
Botana: Aperitivo, ingredientes, pasabocas, tapas.
Brécol: Brócoli, coliflor.
Breva: Higo.
Brin: Azafrán, croco.
Brócoli: Brécol, coliflor.
Burucuyá: Pasiflora, pasionaria.
Butifarra: Chorizo, salchicha.
Cabrajo: Bogavante, langosta.
Cabrito: Chivo.
Cacahuacintle: Variedad de maíz, de mazorca grande y grano redondo y tiemo.

Cacahuate: Cacahuet, cacahuete, maní.
Cacahuet: Cacahuate, cacahuete, maní.
Cacahuete: Cacahuate, cacahuet, maní.
Cacao: Chocolate, cocoa.
Cachipai: Chontaduro.
Cadera: Aguayón, tapa.
Cajeta: Dulce de leche de cabra y azúcar.
Cake: Pastel, torta.
Calabacines: Calabacitas, chauchitas, zucchini.
Calabacitas: Calabacines, chauchitas, zucchini.
Calabaza: Anday, auyama, sambo, zapallo.
Calamar: Chipirón, sepia.
Callampa: Champignon, hongo, seta.
Callos: Librillo, menudo, mondongo, panza, tripas.
Camarón: Crustáceo marino de pequeño tamaño. Gamba, quisquilla.
Cambur: Amarillo, banano, plátano.
Camote: Batata, boniato, ñame, papa dulce.
Cancha: Ancua, maíz frito, pororó, rositas de maíz.
Cangrejo: Crustáceo comestible, jaiba.
Caña: Alcohol de caña de azúcar, bebida argentina.
Cañón: Bollito, capón, corte de res, muchacho.
Capear: Rebozar.
Capón: Bollito, cañón, corte de res, muchacho.
Caraota: Alubia, faba, fréjol, fríjol, guandú, judía, poroto.
Cari: Curry.
Carne seca: Cecina, tasajo.
Carota: Azanoria, zanahoria.
Casabe o cazabe: Harina resultante de rallar la yuca o la mandioca.
Cayote: Especie de sandía.
Cazón: Atún, pescado grande de mar, tiburón, tuna.
Cebiche: Pescado marinado en limón y otros ingredientes.
Cebolla cabezona: Cebolla de huevo.
Cebolla de huevo: Cebolla cabezona.
Cebolla de verdeo: Cebollín, cebollina.
Cebolla en rama: Cebolla junca, cebolla larga.
Cebolla junca: Cebolla larga, cebolla en rama.
Cebolla larga: Cebolla junca, cebolla en rama.
Cebollín: Cebolla de verdeo, cebollina.
Cebollina: Cebolla de verdeo, cebollín.
Cecina: Came seca, tasajo.
Celeri: Apio.
Cerdo: Cochino, chanco, chancho, puerco.
Cilantro: Condimento, coriandro, culantro.
Cocer: Hervir, cocinar.
Cocoa: Cacao, chocolate.
Cochino: Cerdo, chanco, chancho, puerco.
Cohombrillo: Cohombro, pepino.
Cohombro: Cohombrillo, pepino.
Col: Berza, repollo, taioba.
Col roja: Lombarda.
Colí: Variedad de plátano pequeño.
Coliflor: Brécol, brócoli.
Color: Achiote, axiote, azafrán, bijol, onoto, pimentón.
Comal: Gran plato de cerámica o metal para cocinar tortillas, semillas y granos.
Concha: Almeja, ostión, ostra.
Condimento: Cilantro, coriandro, culantro.
Conguito: Ají picante, chilcote, chile, guindilla, ñora, pimiento picante.
Cordero: Borrego, oveja.
Coriandro: Cilantro, condimento, culantro.
Cortezas: Cueros de cerdo, chicharrón.
Corvina: Merluza.
Costeleta: Costilla, chuleta.
Costilla: Costeleta, chuleta.
Coyocho: Nabo, papanabo.

Criadillas: Testículos de toro u otro animal.
Croco: Azafrán, brin.
Cuajada: Requesón.
Cuete: Parte del muslo de la res, algo dura.
Culantro: Cilantro, condimento, coriandro.
Curry: Cari.
Chabacano: Albaricoque, damasco.
Chala: Hoja que envuelve la mazorca de maíz, panca.
Chambarete: Morcillo.
Champignon: Callampa, hongo, seta.
Chancaca: Panela, piloncillo, raspadura.
Chanco: Cerdo, cochinillo, chancho, puerco.
Chancho: Cerdo, cochinillo, chanco, puerco.
Chaucha: Ejote, habichuela, judía verde, vainita.
Chicozapote: Fruta costeña, grande y camosa, de pulpa amarilla y muy dulce. Zapote.
Chícharos: Alverjas, arvejas, guisantes.
Chicharrón: Cortezas, cueros de cerdo.
Chifles: Rodajas delgadas de plátano verde, fritas hasta quedar crujientes.
Chilaquiles: Tortillas.
Chilcosle: Chile oaxaqueño, también conocido como chile amarillo.
Chilcote: Ají picante, conguito, chile, guindilla, ñora, pimiento picante.
Chile: Ají picante, conguito, chilcote, guindilla, ñora, pimiento picante.
Chile amarillo: Chilcosle, chile oaxaqueño.
Chile de Oaxaca: Chilhuacle.
Chile dulce: Ají dulce, pimiento o chile morrón, no picante, pimentón.
Chile oaxaqueño: Chilcosle, chile amarillo.
Chilhuacle: Chile de Oaxaca.
Chilote: Choclo, elote, jojoto, mazorca tierna de maíz.
Chipirón: Calamar, sepia.
Chivo: Cabrito.
Choclo: Chilote, elote, jojoto, mazorca tierna de maíz.
Chocolate: Cacao, cocoa.
Chontaduro: Cachipai.
Chorizo: Butifarra, salchicha.
Choro: Mejillón, moule.
Chuchi: Aguacate, avocado, palta.
Chuleta: Costeleta, costilla.
Chumbera: Higo chumbo, nopal.
Chuño: Almidón de maíz, fécula de maíz, maicena.
Damasco: Albaricoque, chabacano.
Despojos: Achuras, menudos.
Durazno: Abridero, gabacho, melocotón, pavia.
Ejote: Chaucha, habichuela, judía verde, vainita.
Elote: Chilote, choclo, jojoto, mazorca tiema de maíz.
Empanada: Guiso o manjar cubierto con masa.
Enchiladas: Tortillas.
Faba: Alubia, caraota, fréjol, fríjol, guandú, judía, poroto.
Falda: Sobrebarriga, zapata.
Fariña: Harina de mandioca.
Fécula de maíz: Almidón de maíz, chuño, maicena.
Fideo: Pasta, tallarín.
Frango: Pollo.
Frangollo: Maíz molido.
Fréjol: Alubia, caraota, faba, fríjol, guandú, habichuela, judía seca, poroto.
Fresa: Fresón, frutilla, madroncillo, morango.
Fresón: Fresa, frutilla, madroncillo, morango.
Fríjol: Alubia, caraota, faba, fréjol, guandú, habichuela, judía seca, poroto.
Frutilla: Fresa, fresón, madroncillo, morango.
Fruto del nogal: Nuez criolla, tocte.
Gabacho: Abridero, durazno, melocotón, pavia.

Gambas: Camarones, quisquillas.
Gandules: Lentejas.
Ganso: Oca.
Garbanzo: Mulato.
Guacamole: Puré de aguacate.
Guacamote: Mandioca, raíz comestible, yuca.
Guachinango: Huachinango, pargo, sargo.
Guajalote: Pavo.
Guanábana: Fruta parecida a la chirimoya, pero más grande.
Guandú: Alubia, caraota, faba, fréjol, frijol, judía, poroto.
Guascas: Hierbas de cocina de Cundinamarca.
Guayaba: Arasa.
Guindilla: Ají picante, conguito, chilcote, chile, ñora, pimiento picante.
Guineo: Plátano pequeño.
Guisantes: Alverjas, arvejas, chícharos.
Guiso: Ahogado, hogado, hogao, hogo, refrito, riojo, sofrito.
Haba: Faba.
Habichuelas: Chaucha, ejote, judía verde, vainita.
Harina de mandioca: Fariña.
Harina de yuca: Almidón de mandioca.
Hervir: Cocer, cocinar.
Hierbabuena: Menta.
Higo: Breva.
Higo chumbo: Chumbera, nopal.
Hogado: Ahogado, guiso, hogao, hogo, refrito, riojo, sofrito.
Hogao: Ahogado, guiso, hogado, hogo, refrito, riojo, sofrito.
Hogo: Ahogado, guiso, hogado, hogao, refrito, riojo, sofrito.
Hojas de achira: Hojas anchas para envolver tamales.
Hojas de maíz: Chalas, pancas.
Hongo: Callampa, champignon, seta.
Huacal: Caparacho de un ave.
Huachinango: Guachinango, pargo, sargo.
Huitlacoche: Hongo negro que nace en la mazorca de maíz.
Humitas: Tamales de choclo (maíz tierno).
Ingredientes: Aperitivo, botana, pasabocas, tapas.
Jaiba: Cangrejo, crustáceo comestible.
Jitomate: Tomate.
Jojoto: Chilote, choclo, elote, mazorca tierna de maíz.
Jora: Maíz germinado para fermentar.
Judías: Alubia, caraota, faba, fréjol, frijol, guandú, poroto.
Judías verdes: Chaucha, ejote, habichuela, vainita.
Langosta: Bogavante, cabrajo.
Lechón: Cochinillo, lechonceta.
Lechonceta: Cochinillo, lechón.
Lechosa: Mamón, papaya.
Lentejas: Gandules.
Librillo: Callos, menudos, mondongo, panza, tripas.
Lima: Cítrico, perfumado y dulce.
Lisa: Mújol.
Lombarda: Col roja.
Lomito: Lomo fino, solomo, solomito.
Lomo fino: Lomito, solomo, solomito.
Lomo: Solomillo.
Lulo: Fruto ácido, de pulpa cristalina y verdosa. Naranjilla.
Madroncillo: Fresa, fresón, frutilla, morango.
Maicena: Almidón de maíz, chuño, fécula de maíz.
Maíz frito: Ancua, cancha, pororó, rositas de maíz.
Maíz germinado para fermentar: Jora.
Maíz molido: Frangollo.
Maíz tierno: Chilote, choclo, elote, jojoto, mazorca.
Mamón: Becerra, ternera.
Mandarina: Tanjarina.
Mandioca: Guacamote, yuca.
Maní: Cacahuate, cacahuet, cacahuete.

Manos: Patas de res o cerdo, patitas.
Manteca de la leche: Mantequilla.
Mantequilla: Manteca de la leche.
Mazorca tierna de maíz: Chilote, choclo, elote, jojoto.
Mejillón: Choro, moule.
Melado: Melao, miel de panela.
Melao: Melado, Miel de panela.
Melocotón: Abridero, durazno, gabacho, pavia.
Menta: Hierbabuena.
Menudo: Callos, librillo, mondongo, panza, tripas.
Merluza: Corvina.
Mezcal: Poderoso aguardiente destilado de una variedad de maguey.
Miel de panela: Melado, melao.
Mixiote: Hojas del maguey, usada para envolver alimentos y cocinarlos al vapor.
Mojito: Abadejo, bacalao, reyezuelo.
Molcajete: Mortero de piedra.
Mondongo: Callos, librillo, menudo, panza, tripas.
Morango: Fresa, fresón, frutilla, madroncillo.
Morcilla: Moronga.
Morcillo: Chambarete.
Moronga: Morcilla.
Mortero de piedra: Molcajete.
Moule: Choro, mejillón.
Muchacho: Bollito, bollo, cañón, capón, corte de res.
Mújol: Lisa.
Mulato: Garbanzo.
Nabo: Coyocho, papanabo.
Naranjilla: Fruto ácido, de pulpa cristalina y verdosa. Lulo.
Nopal: Chumbera, higo chumbo.
Nuez criolla: Fruto del nogal, tocte.
Ñame: Batata, boniato, camote, papa dulce.
Ñora: Ají picante, conguito, chilcote, chile, guindilla, pimiento picante.
Oca: Ganso.
Olivas: Aceitunas.
Onces: Comida que se hace tarde por la mañana.
Onoto: Achiote, axiote, color, pimentón.
Ostión: Almeja, concha, ostra.
Oveja: Borrego, cordero.
Paila: Cazuela de bronce.
Palta: Aguacate, avocado, chuchi.
Pan blanco: Bolillo.
Pan de yuca: Casabe, maíz.
Pancas: Chalas, hojas de maíz.
Panceta: Bacón, tocineta, tocino.
Panela: Chancaca, piloncillo, raspadura.
Panza: Callos, librillo, menudo, mondongo, tripas.
Papa dulce: Batata, boniato, camote, ñame.
Papa: Patata.
Papachina: Raíz comestible (nativa del Ecuador).
Papanabo: Coyocho, nabo, raíz, tubérculo parecido al rábano blanco.
Papaya: Fruto del papayo, mamón, similar al melón.
Pargo: Guachinango, huachinango, sargo.
Pasabocas: Aperitivo, botana, ingredientes, tapas.
Pasas: Uvas secas.
Pasiflora: Burucuyá, pasionaria.
Pasionaria: Burucuyá, pasiflora.
Pasta: Fideo, tallarín.
Pastel: Cake, torta.
Patas de res o cerdo: Manos, patitas.
Patata: Papa.
Patitas: Manos, patas de res o cerdo.
Pavia: Abridero, durazno, gabacho, melocotón.
Pavo: Guajalote.
Peperrone: Ají dulce, pimentón, pimiento.
Pepino: Cohombrillo, cohombro.
Piloncillo: Chancaca, panela, raspadura.
Pimentón: Achiote, axiote, bijol, color, onoto.
Pimiento: Ají dulce, peperrone, pimentón.
Piña: Abacaxi, ananá.

Pipián: Salsa hecha a partir de semillas de calabaza.
Pisco: Aguardiente de uva.
Plátano: Amarillo, banano, cambur, colí, guineo.
Pollo: Frango.
Pomelo: Toronja.
Poro: Puerro.
Pororó: Ancua, cancha, maíz frito, rositas de maíz.
Poroto: Alubia, faba, fréjol, frijol, judía seca.
Puerco: Cerdo, cochinillo, chanco, chancho.
Puerro: Poro.
Pulque: Bebida popular ligeramente alcohólica, obtenida de la fermentación del aguamiel, o sea el jugo del maguey.
Quimbombó: Ocra, quingombó.
Quisquillas: Camarones, gambas.
Raspadura: Chancaca, panela, piloncillo.
Rebozar: Capear.
Refrito: Ahogado, guiso, hogado, hogao, hogo, riojo, sofrito.
Remolacha: Betabel, beterraba, beterraga.
Repollo: Berza, col, taioba.
Requesón: Cuajada.
Reyezuelo: Abadejo, bacalao, mojito.
Riojo: Ahogado, guiso, hogado, hogao, hogo, refrito, sofrito.
Rompope: Nutritiva bebida preparada con yemas, azúcar y leche, con algún vino generoso.
Sábalo: Pez típico de las aguas de Campeche.
Salchicha: Butifarra, chorizo.
Sambo: Anday, auyama, calabaza, zapallo.
Sargo: Guachinango, huachinango, pargo.
Sémola: Trigo quebrado muy fino. En América se hace también de maíz.
Sepia: Calamar, chipirón.
Sésamo: Ajonjolí.
Sobrebarriga: Falda, zapata.
Sofrito: Ahogado, guiso, hogado, hogao, hogo, riojo, refrito.
Soja: Soya.
Solomillo: Lomo.
Solomito: Lomito, lomo fino, solomo.
Solomo: Lomito, lomo fino, solomito.
Soya: Soja.
Taco: Tortillas.
Taioba: Berza, col, repollo.
Tallarín: Fideo, pasta.
Tamales de choclo (maíz tierno): Humitas.
Tanjarina: Mandarina.
Tapa: Aguayón, cadera.
Tapas: Aperitivo, botana, ingredientes, pasabocas.
Tasajo: Carne seca, cecina.
Telas: Arepas de maíz muy delgadas y blandas.
Ternera: Becerra, mamón.
Tiburón: Atún, cazón, pescado grande de mar, tuna.
Tocineta: Bacón, panceta, tocino.
Tocte: Fruto del nogal, nuez criolla.
Tomate: Jitomate.
Toronja: Pomelo.
Torta: Cake, pastel.
Tripas: Callos, librillo, menudo, mondongo, panza.
Tuna: Atún, cazón, pescado grande de mar, tiburón.
Tusa: Corazón no comestible de la mazorca usada para encender fuego o como abrasivo doméstico.
Uvas secas: Pasas.
Vainitas: Chaucha, ejote, habichuela, judía verde.
Yautía: Tubérculo consumido sobre todo en la zona de las Antillas.
Yuca: Guacamote, mandioca.
Zanahoria: Azanoria, carota.
Zapallo: Anday, auyama, calabaza, sambo.
Zapata: Falda, sobrebarriga.
Zapote: Fruta costeña, grande y camosa, de pulpa amarilla y muy dulce. Chicozapote.
Zucchini: Calabacines, calabacitas, chauchitas.

— Indice de recetas —